助人改變

持續成長、築夢踏實的同理心教練法

Helping People Change:

Coaching with Compassion for Lifelong Learning and Growth

理查・博雅吉斯（Richard E. Boyatzis）、
梅爾文・史密斯（Melvin L. Smith）、
艾倫・凡伍思坦（Ellen Van Oosten）｜合著
戴至中、王敏雯｜合譯

經營管理 167

助人改變：

持續成長、築夢踏實的同理心教練法

作　　者 —— 理查・博雅吉斯（Richard E. Boyatzis）、梅爾文・史密斯（Melvin L. Smith）、艾倫・凡伍思坦（Ellen Van Oosten）
譯　　者 —— 戴至中、王敏雯
企畫選書人 —— 文及元
責任編輯 —— 文及元
封面設計 —— 陳文德
內文排版 —— 薛美惠
行銷業務 —— 劉順眾、顏宏紋、李君宜

總 編 輯 —— 林博華
發 行 人 —— 涂玉雲
出　　版 —— 經濟新潮社
104 台北市民生東路二段 141 號 5 樓
電話：(02)2500-7696 傳真：(02)2500-1955
經濟新潮社部落格：http://ecocite.pixnet.net

發　　行 —— 英屬蓋曼群島商家庭傳媒股份有限公司城邦分公司
台北市中山區民生東路二段 141 號 11 樓
客服服務專線：02-25007718；25007719
24 小時傳真專線：02-25001990；25001991
服務時間：週一至週五上午 09:30-12:00；下午 13:30-17:00
畫撥帳號：19863813；戶名：書虫股份有限公司
讀者服務信箱：service@readingclub.com.tw

香港發行所 —— 城邦（香港）出版集團有限公司
香港灣仔駱克道 193 號東超商業中心 1 樓
電話：25086231 傳真：25789337
E-mail: hkcite@biznetvigator.com

馬新發行所 —— 城邦（馬新）出版集團 Cite(M) Sdn. Bhd. (458372 U)
41, Jalan Radin Anum, Bandar Baru Sri Petaling,
57000 Kuala Lumpur, Malaysia.
電話：(603) 90578822 傳真：(603) 90576622
E-mail: cite@cite.com.my

印　　刷 —— 漾格科技股份有限公司
初版一刷 —— 2020 年 12 月 1 日
ISBN：978-986-99162-5-7

定價：380 元　　Printed in Taiwan

致我們的另一半兼最佳教練

Sandy、Jennifer、Scott

目錄

第一章

助人之心

如何真正幫助他人學習和成長

包紮最後的縫合處之後，葛瑞格・拉金（Greg Lakin）謝謝開刀房的人員再次漂亮出擊。他脫下手術口罩，對手術順利感到高興。然而他也發現，到自己以往在整形外科工作所體驗到的喜悅不復存在。他想：「**我是在什麼時候、如何搞丟那股興奮？**」

他決定向教練求助。從小就是資優生的葛瑞格在成為外科醫生的過程中，拿下一場又一場的成功。開始跟教練配合時，他分享這股成功的動力，有一部分受到「覺得自己需要不斷證明自我」驅動。不過，這期間葛瑞格無視於自己真正的熱情和人生志向。舉例來說，他希望過著工作和生活比較平衡的生活，有時間旅遊和重拾跑步。他渴望回到成長的家鄉南佛羅里達，以和家人與兒時朋友更親近。然而，目前他一個星期要工作七十至八十小時，沒有留什麼時間給他所在乎的其他事情。

葛瑞格的教練看出這些事，要他花時間想一想，進而勾勒個人願景的細節，並試著將內心的渴望，和人生中的「應該」和「應當」分開。隨著他允許自己這麼做，燈光也亮了起來。葛瑞格探索自己真正想要的是什麼，並體驗到來自這股清晰的正能量和動機。在與教練密切配合下，葛瑞格開始以在幾個月之前想像不到的方式改變生活。

我們在第二章會深入介紹葛瑞格的故事，但現在我們會說，他的生活以有顯著意義的方式變得更好，在個人與專業上都是。

如何真正幫助別人願意改變？

由於葛瑞格決定全面探討**個人願景**然後主動追求，所以他最終達成了工作—生活平衡，以及所渴望的親近家人與朋友，而且他重新發現生活中的喜悅。

說到教練別人，我們的研究顯示，挖掘和勾勒個人的個人願景至關重要。不只是解決問題，也不只是試著幫助某人達成目標或達到一定的標準，要將正向的情緒和既有的動機解鎖，並將對方朝向真切、長效的改變推進，揭開人的希望和夢想就是關鍵所在。

但不是只有教練才會引導他人達成內心的渴望，放眼各處，你都會看到有人在幫助別人學習或改變的例子。事實上，在被問到人生中對我們影響最大的人時，很多人都會先想到父母、運動教練或老師，也許像是凱兒・史瓦茲（Kyle Schwartz）。

凱兒開始教三年級時，猜想有待了解學生的事，會比學籍資料表或標準化測驗成績所透露出來得更多。為了當個真正稱職的老師，她決定自己必須知道學生在想什麼，對**他們**有所謂的是什麼。[1] 她要他們填寫以下的造句：「但願老師知道……」

凱兒所得知的如下：

「但願老師知道，我的聯絡簿沒簽，是因為媽媽總是不在家。」

「但願老師知道我愛動物，而且我願意為動物做任何事。我很想在麻州防止虐待動物協會工作，這樣就能幫助動物得到收養。」

「但願老師知道，我和家人住在收容所。」[2]

清單很長，每則回答都比上一則更動人和清晰；至少學生的答覆觸發凱兒的同理心。身為老師，清單給她所需要的資訊以幫助學生們。此時她知道對小朋友最有所謂的是什麼，而且它跟在三年級教室裏所發現的每日標準課表不怎麼相干。

凱兒對學生的提問在推特（twitter）颳起旋風，深入全球各地的小學教室裏。很清楚的是，眾人渴望找到有效的方式了解和幫助別人。她的提問很簡單，然而想要助人的人卻不常提問。身為老師、主管、同事、父母和各種教練，我們變得滿腦子都是工作和行程，而忘了提出這麼基本又清楚的問題。對於我們想要幫助的人，提問會告訴我們重要的事。或者我們沒有問這樣的問題，可能是因為對回答和或許會浮現出的課題與情緒害怕。忽略或否認有時候會比較輕鬆，以能在對另一個人的覺察或敏感度上保持隔離。我們逕自前進，而在我們的時程或上課計畫範圍外，對於眾人的需求和願望則無動於衷。

然而葛瑞格．拉金的故事說明，這些「旁騖」（distractions）始終都在，包括人的傷與愁、他們的夢想和願望。它們還是會深深影響我們的學生、客戶、病患、部屬、同儕和子女，是發生真正學習與改變的層次。在回應她的提問時，學生在凱兒・史瓦茲的教室裏不但將自己遇到了什麼麻煩告訴她，還把對自己的志向與願景告訴了她。

我們會看到，凱兒以此做為這些孩子成長和轉變的開端。她並沒有將焦點放在身為老師的**自己**和需要教導什麼給小學三年級學生，而是聚焦於身為**學習者**的學生。這使她和學生之間建立更好、更有意義的關係，這個社群以傾聽和關懷彼此為目的。

我們剛才所分享的二則故事是源自非常不同的背景情境，但它們都是關於幫助他人學習、成長和改變，而這就是本書的焦點。事實在於，每個人都需要幫助，不只是小學三年級的孩子，不只是在職涯中卡關的外科醫生。我們全都需要幫助，為生活和工作帶來重要的改變並學習新事物。

本書會向各位說明，如何以更有效的方式幫助他人。要說明的是，身為作者、研究人員和教育者，我們的焦點雖然恰巧是教練行業，內容包括高階主管、職涯、生活、團隊和同儕教練（peer coaching），但本書是為許多不同的對象所設，像是主管、導師、諮商師、治療師、神職人員、父母、運動教練、同事、朋友。任何尋求助人改變者，都會在此找到重要的指南，包括若干實用的演練以培養助人改變的技巧。

特別是我們會在本書中描述到，我們的研究所說明的事，會使助人最為深切和可長可久。亦即如葛瑞格・拉金和凱兒・史瓦茲所學習到，要幫助別人學習、成長和改變，最好的方式就是幫助他們跟理想的自我、對理想未來的夢想與願景靠得更近。

同理心教練法

我們為本書定調的前提是，各種的教練與幫助做得有效時，就會使尋求幫助的人產生三種特定的改變。第一，他們會找到或是重申並勾勒出個人願景，包括夢想、熱情、目的與價值。第二，他們會在行為、想法和／或感受上體驗到改變，而使他們跟落實個人願景靠得更近。第三，他們會和教練或助人改變者建立起或維繫我們所稱的**共鳴關係**（resonant relationship），在理想上，則是跟生活中其他支持自己的人有默契。

但我們要怎麼走到那個地方？我們要怎麼從有善意幫助某人，到實現我們剛才承諾的三種改變？它並非向來都是直覺或顯而易見的過程。當我們試著助人時，常會聚焦於糾正對方、解決問題。畢竟我們比較有經驗，能看出對方**該怎麼做**（should do）才能過更好的日子、工作更有效率或學到更多，我們知道怎麼做才是對他好。或者我們在他人身上或處境中看到自己，就將自己曾經怎麼做或會怎麼做投射到對方身上。有時候，有人會找我們為的是尋求解決問題之道，身為助人改變者，我們聽到這些人要的是緩解症狀，於是與他們配合，卻欠缺他們較深層的渴望和需求。

其實，這些都錯了。在企圖對於尋求幫助的人進行教練時，大部分人都試著聚焦於問題並且試著**解決**，或是企圖糾正對方，藉此縮小我們自以為他們在理想與現實之間的落差。這對於激勵持續的學習、改變或培養成為習慣並不管用，甚至完全沒用。有時這種聚焦於「矯正問題行為」的做法，或許可以通往快速的糾正，可是對方之所以照做，常常是出於義務，但是缺乏內在動機以貫徹他們渴望的改變；或者對方覺得需要做一些事，即使它並非可長可久的解決之道。**這**就是關鍵所在：努力是不是可長可久？它會不會持續下去？有沒有全心全意努力堅持改變或學習？

當然，人在有的時候會遇到嚴重的問題必須解決，但是，我們的研究顯示，倘若是因應理想和現實之間的落差或有所不足的情境，一般而言，維持改變所需要的能量和努力並不夠用。相反地，如果是長期的夢想或願景的情境，人就會從自身的願景中汲取能量，而且維持努力繼續改變，即使遇到難關依然堅持。

當教練或助人者（職場導師、業師）打造出這樣的情境，我們就稱之為**同理心教練法**（coaching with compassion），以真切的關懷和關切聚焦於對方（學員、受教練者），提供支持和鼓勵，並促進探索與追求此人的夢想和熱情。這就是凱兒・史瓦茲所做的事，她向學生徵詢，問他們有什麼想**告訴她**（tell her）。在本書中，我們以同理心教練法對照**追求服從的教練法**（coaching for compliance）；教練並非幫助對方勾勒並實現自身渴望的未來，而是促使對方達成某個外部界定的目標），現今在許多種助人改變的人之中，從運動教練、教學現場到醫病關係，多數預設外部界定的目標。事業教練如此，高階主管教練更是如此，聘請教練擺明是要促使高階主管或員工，達成組織預設特定的成功標準，即使這不是受教練者自己訂下的目標。

在一定的情境下，追求服從的教練法可以有效助人達成非常特定和預設的目標，像是升遷至特定職位。但是，我們的研究顯示，這樣的教練極少有助於受教練者持續改變，也無法激發對方潛能，更不用說是幫助對方實踐夢想。另一方面，同理心教練法可以做到這點。它是在助人探索人生中最想要的成長與改變方式，並提供流程與支持，以帶來並維持改變。

我們的一位學生形容：「那些在我的人生中很重要的人物，全都種下了立定志向和建立觀念的種子，然後容許我把那自由帶往對我最管用的方向，從頭到尾都支持和鼓勵我的選擇。」

我們極力主張，這就是優秀的教練該做的事。優秀的教練和最棒的老師、主管、同事和朋友，會把我們帶進深度對話以啟發我們。他們會使我們想要以有意義的方式成長、發展和改變，並幫助我們做到。他們會幫助我們追求個人願景，而不只是盡力實現人生中的**應該**（shoulds）和**應當**（oughts）。

同理心教練法為什麼有用？

我們的研究說明了，改變要堅持下去，就必須出於意向和內部動機，而不是以外在價值強迫對方。這就是為什麼同理心教練法在起頭時，人要為**自己**勾勒出**理想的自我**或願景，如葛瑞格・拉金在意會到自己想要比較平衡的生活，連結家人與老友時，他就是如此。這把葛瑞格定錨在了我們所稱的**正向情緒吸子**（positive emotional attractor，PEA）上，在心理和情緒上都是，而為他開啟了改變所能帶來的可能和興奮之情。在後續各章裏，我們以正向情緒吸子對照通常是由**應該**，或外在命令所觸發的**負向情緒吸子**（negative emotional attractor，NEA），並說明一個有幫助，另一個則會妨礙長效改變的過程。

儘管如此，正向情緒吸子和負向情緒吸子都是成長所需，只不過重點是要把「劑量」和次序弄對才會有效而不礙事。在本書中，我們也會解釋正向情緒吸子要怎麼當成轉折點，以幫助人在重要的發展過程中一步接著一步走，引導它的**意向改變理論**（Intentional Change Theory，ICT）將在第三章詳述。對於我們的研究，我們也分享許多發現。從深度對話到教練過程，應該從個人願景開始，以及如何從宏觀的視角俯瞰整個教練過程，涵蓋個人生活的面向，而不只是少數離散的面向。

重要的說明是：我們相信，教練或任何人如果要幫助另一個人，就必須先覺得受到啟發。沒有認清自身的動機和感覺，我們就無能為力以有助益的方式，真正連結另一個人。無論是老師、父母、醫生、護理師、神職人員，或專業高階主管教練，教練應該要了解自身的情緒並發展個人願景。在教練和受教練者、或助人改變者和受助者之間，這是真實關係的基礎。因此，本書通篇所包括的演練不但是為受教練者或受助者設想，也是為了教練或助人改變者著想。

我們所寫的每件事都是基於我們個人和團隊，在過去五十年間親自做的深度研究。在助人、管理、領導或教練上，本書有別於其他許多的著作，有部分就在於此：它是基於證據。研究是在一九六七年展開，以鑽研成人是如何或並未幫助彼此發展。關於行為改變的縱向研究（也就是逐時追蹤眾人）是在世界各地的公司、政府機關、非營利單位、研究所學程和醫院完成，範疇從管理到成癮。接續這項研究的是近二十年的荷爾蒙與神經影像研究。我們引用自身的研究，以及我們和同事的博士生所完成的研究。此外，我們各是教練和教育者，所以，我們本身的故事源自引私人與專業的教練經驗。

身為研究人員和作者，我們三個人一起在美國凱斯西儲大學（Case Western Reserve University）密切共事，並一起在魏德海管理學院（Weatherhead School of Management）教授教練認證學程（Coach Certificate Program）。再者，我們一起推出了好幾項教練創舉。教練研究實驗室（Coaching Research Lab，CRL）是在二〇一四年成立。教練研究實驗室把學者和從業人員共聚一堂，以提升教練研究。我們的大規模開放線上課程（Massive Open Online Courses，MOOCs；又稱磨課師）〈啟發人心的對話：教練學習、領導和改變〉（Conversations That Inspire: Coaching Learning, Leadership, and Change）是在二〇一五年開設。課程是同理心教練法，吸引超過十四萬位的參與者。透過情緒智力（Emotional Intelligence；按：俗稱EQ或情緒智商）啟發領導力則是較早的大規模開放線上課程，引進了其中許多觀念，吸引超過二百一十五國的八十萬多位參與者。

我們的研究闡述得很清楚，特別是行為、荷爾蒙和神經影像的研究說明了，對比圍繞著某個外在界定的目標進行教練（追求服從的教練法），圍繞著夢想和願景教練他人（同理心教練法）的衝擊力有所不同。我們更從自家學生的身上看到，同理心教練法可以多有效。這樣的教練搭配長達四個月的領導力發展課程，如他人觀察，學生為了支持個人願景而選擇發展的情緒智力和社會智力（social intelligence；按：俗稱SQ）能力獲得顯著改善。對於**如何**有效教練和幫助他人，表露持續、渴望的改變，這些則一起打下了穩固、科學的發展根基。

本書指南

各位閱讀本書的同時，也會進一步探究本章導論所探討的各個主題，一路汲取見解與實用的技巧，以幫助各位在大部分的情境中，能以最有效的方式進行教練或幫助他人。書中我們會突顯關鍵（**學習重點**）、相關文獻（**研究聚焦**），並在文末注釋中提供參考資料和更多的細節。對於追求實用的讀者，我們在大部分篇章的結尾都設有特定、經過時間考驗的演練（**思考和應用練習**）。我們想要推廣的思考是主動與情緒學習，而不只是知識。我們在大部分篇章的結尾還提供**對話指南**，包括對這些主題的相關提問，以能和朋友及同事一起深思。書中的優點有部分是來自對觀念與技術親身思考，以及就如我們的神經影像研究所說明，與他人談論這些思考和經驗。與他人討論觀念會使它以比較好懂的方式活躍起來。對話指南則是使這點成真的有用方式。雖然我們希望本書的寫法會使各位樂於從頭讀到尾，但各位也可以把它當成參考指南而直奔一定的篇章，或是關鍵學習、練習和各處所突顯的其他項目。

簡單來說，本書如下展開：第二章探討教練的用途和定義，以及人互相幫助的其他方式。我們從現實的教練案例中所舉的例子會闡明，任何這樣的助人過程，都是以受助者與助人者關係內的一組經驗為中心。第三章探究相較於追求服從的教練法，該如何實踐同理心教練法。我們的教練法是始於意會到，人想要改變時就能改變。然後我們會描述在持續、渴望改變的模型上，意向改變理論的五項探索。

第四章討論到我們從近期的大腦科學研究中所學到的事，可以使我們對他人幫助得更可長可久。特別是我們會聚焦於要怎麼在大腦中激發正向情緒吸子（ＰＥＡ）對比負向情緒吸子（NEA），以創造出較為接納和有動機的情緒狀態。第五章會更深入鑽探正向情緒吸子和負向情緒吸子的科學，闡明我們固然需要靠負向情緒吸子求生，但容許人壯大與茁壯的卻是正向情緒吸子。我們會討論要怎麼有效引動正向，並在它和負向間形成適當的平衡，進而帶動長效的成長與改變。

第六章我們會深入探討個人願景。我們的研究說明，探索和發展這樣的願景在神經和情緒上是最有威力的方式觸動正向情緒吸子。人的願景就是可能未來的畫面。它既不是目標，也不是策略。它不是在預測很可能會怎樣。它是夢想！

我們在第七章開頭時，會聚焦於要怎麼建立**共鳴關係**並學著互相問對問題，同時傾聽回答，以召喚學習與改變。提問的風格與時機都能啟發正向情緒吸子和改變，或是反其道而行。錯失關鍵時刻和提問不按次序，就能把可能帶來激勵的對話變成引發內疚的拷問。第八章會探討，組織能怎麼靠改變公司的常規，孕育出教練的文化，例如：（一）鼓勵同儕教練；（二）運用外部和內部的專業教練；（三）培養主管擔任所屬單位還有其他層面的教練。

第九章我們會闡明要怎麼善用人準備好受助的時刻，我們稱之為**可教練時刻**（coachable moments），並提供實用的指南，為思考與開放創造安穩的空間。該章也會檢視一些典型「艱困」的教練案例，並示範同理心教練法的技術能如何幫得上忙。最後在第十章，我們會以啟發人心的訴求結尾，帶各位回到最早在第二章所列舉的演練上，請各位思考自己所變成的樣子是受到誰所幫助。把書看完並學會幫助他人發展的方式後，我們就要問：「**你**會在誰的名單上？」畢竟在他人追求夢想之際加以連結，可以是人生中最棒和最歷久不衰的贈禮。它是我們的遺產！

充滿希望的訊息

所以藉由本書，我們要傳達充滿希望的訊息。觸動和啟發人以持續的方式學習和改變並不難，只不過它有時或許看似違反直覺。我們會討論要怎麼刺激人在夢想與個人願景的情境中去探討新觀念，同時著手解決特定的問題。我們會探討稱職的教練或助人改變者會做什麼，幫助個人為人生帶來持續、渴望的改變。我們會檢視的不只是有效助人和教練的方法，還有兼而從教練和受教練者的視角來看，著墨於有意義的教練關係長得像是怎樣，也許更重要的則是**感覺**起來像是怎樣。這就是為什麼在本書中，我們會把**教練**（coach）這個詞當成**存在**（being）態度和方式，而不只是頭銜和角色。

我們相信，本書的觀念和實務會有助於改變教練、領導者、主管、諮商師、治療師、老師、父母、神職人員、醫生、護理師、牙醫、社工和其他人把客戶、病患或學生帶進對話的方式。再來，我們想要啟發更多關於教練和助人的研究。我們想要鼓勵調整或修訂數百起的教練和主管訓練計畫、醫護教育，或是其他任何旨在為助人行業培養個人的計畫，以傳授不同的方式以啟發學習與改變。

也許極端的情形是，近來生活中許多層面的對話都是二極化，我們想要幫助人培養以同理心以互相傾聽的技巧。我們想要讓人對互相學習抱持開放。我們希望能幫助人擴大自身以外的焦點，並對新觀念抱持開放。靠著聚焦於他人並真正幫助他們，我們就能為家庭、團隊、組織和社區建立更好的未來。藉由本書，我們列舉了方式觸發人們學習和改變的渴望，激勵自己與他人，以更有同理心的方式領導。

那我們就開始吧。

第二章

啟發人心的對話

找出最重要的事

艾蜜麗・辛克雷（Emily Sinclair）全家都是厲害的足球員，她排行老么，有二位姊姊。她母親在高中和大學都踢足球，姊姊們也一樣。艾蜜麗跟隨她們的腳步，從高一開始就是足球隊上出色的球員。不過，艾蜜麗的教練很快就發現，儘管她的技巧高明，但不像他多年來指導過的其他明星球員對這項運動展現出無比熱情。他還注意到艾蜜麗另外一項特質：她在場內大步飛跑時，姿勢很好看。他還訝異地發現，她似乎真心喜愛跑步訓練，不像其他女孩害怕練跑。

某天，這名教練憑著一股直覺，在練習後叫艾蜜麗過來，問道：「艾蜜麗，妳為什麼踢足球？」

她有點困惑地答道：「因為家中每個人都踢足球，而且我滿會踢的。」

教練接著問：「但妳喜歡足球嗎？」他看得出她拚命動腦筋在思考這個問題。她露出有些沮喪的神情，搖了搖頭。「不，我不喜歡。」她回答，「我小時候真的覺得踢足球很有趣，但現在似乎變成**一定要**做的事。大家都希望我有媽媽、姊姊那樣的表現，我不想讓她們失望。」

那一刻他意識到自己身為艾蜜麗的教練，重大的任務才正要開始。他不再試圖要她融入足球隊，而是問她**真正的興趣**是什麼。當他得知她熱愛跑步，一點也不覺得訝異。她說，對她而言跑步再輕鬆不過。長距離跑步時，她覺得自在放鬆，完全拋開了生活中的憂慮煩惱。

他和艾蜜麗談過幾次之後，就找她的家人商量，一開始很困難，但最後教練和她的家人都全力支持她離開足球隊，春季學期時改加入徑賽隊。艾蜜麗大三時，已經是女子越野賽跑隊的頂尖跑者。她大四時，帶領全隊跑進全州總決賽。

儘管這名教練失去一名表現不俗的隊員，但他知道自己憑直覺了解到艾蜜麗的天賦，做出正確的事。同時，他也幫助她找到了真正的熱情。

這就是高明的教練會做的事。傑出的主管和教師也會這麼做，凡是懂得幫助他人找到內心熱情的人，都會這麼做。他們引導我們展開啟發人心的談話，讓我們思考改變和發展，而且幫助我們改變。本章探討該如何透過鼓舞他人成長、轉變，真正幫助他們。這種方式稱為**同理心教練法**（coaching with compassion）。目標是什麼？是為了讓教練和學員建立**共鳴關係**；就長遠的轉變而言，這一點非常重要。此外，我們也會在本章以及往後各章當中，要求「想要幫助他人」的你多多了解自己，包括內心的情緒與動機。任何人在試圖幫助他人改變之前，都必須採取這項重要步驟。本章中附上了練習，幫助大家展開這個過程。

不過，先定義什麼是**教練**（coaching）。

何謂教練？

本書將從職業教練（例如高階主管的教練或其類似的身分）和平日擔任的角色（像是主管、教師、醫生、神職人員、父母、朋友）二方面，討論何謂成功的教練。如同大部分常見的定義，我們認為教練是一段「有引導或有幫助的關係，目的是促成某種改變或學習，或協助個人或團體達成更進一步的績效或表現。」[1] 國際教練聯盟（International Coaching Federation，ＩＣＦ）有另一種中肯的定義：「教練是以提出建議的身分和某人或某團體，一起經歷刺激思考的創意過程，協助他們在個人或專業上，盡可能發揮最佳潛力。」[2]

不同於有時持續數十年的師徒制（mentoring），教練通常僅需較短的時程，但是目標更明確。我們這本書聚焦於**互動**（dyadic）的教練過程，亦即教練與受教練者雙方均同意（正式或口頭皆可）參與此一發展的過程。教練有時候在預先排定的教練課上進行，但也可能在走去開會的路上、會議上、共進午餐時，或其他非正式場合中發生。請注意，儘管目前使用「教練」這個職稱的專業人士，在全球有大幅增加的趨勢，我們所說的教練一詞與正式職稱無關，可能是指任何提供建議的人、主管或同儕。[3]

進行教練時的對話

最有效的教練，基本上是協助另外一個人在某方面改變、學習或成長。這類教練在於幫助他人想清楚人生有什麼樣的可能、或值得追求的事物，然後幫助他們思考該如何達成目標。

如同艾蜜麗，大多數人應該都遇過跟我們談論人生的方向、或在某些方面帶來正面影響的貴人。本書三位作者在感恩課程、高階主管教育課程與「帶來啟發的對話」大規模開放式線上課程進行時，請學員回想人生當中幫他們最多的貴人。有人說是她失明的繼祖父，給她無條件的愛，並且灌輸她對學習的熱愛。另外一個人說是某個朋友，不論他正在克服什麼問題，或心中的目標有多離譜，都讓他受到接納。他一直都知道自己不會遭受批判，只有鼓勵和滿滿的支持。

對我幫助最大的人

在我成長過程中對我幫助最大的，是相信我有潛力、激發我的創意、激起我學習欲望的那些人。他們出難題給我，而當我接下那項挑戰，得到的結果連我自己都嚇一跳。他們的行為模式還有一個共同點，就是他們真心關切我是否幸福，為我的成功投注情感。

——史丹利（加拿大）

這些人不僅看見（我的）天賦，也滋養了它。他們允許我盡情揮灑，讓我得以展現出最好的一面。當自己的「天賦」為人所知，也讓我感受到前所未有的肯定。

——安琪拉（美國）

我生命中的重要人物為我播下了靈感和想法的種子，然後讓我自由選擇對我最有利的方向，一路上支持著我，鼓勵我做出抉擇。這種做法給我很大的信心。

——貝芙莉（美國）

他們看重我這個人，連我自己都不曾那樣看待過自己，因此釋放出新的思維、機會和可能，並且帶來許多活力，使我力求改變；若沒有他們對我的投入，我絕不可能有這種追求。

——阿爾俊（印度）

這些人對我有信心，不評判我，而且表現出同理心。他們會毫不顧忌地對我說不大中聽的話，但我仍然覺得受到尊重。另一項共同的方式是他們不想強迫我接受其意見，反而鼓勵我尋找自身需要的答案。

——夸貝娜（迦納）

我想這些人身上最重要的一項模式顯然是啟發我做某件事，而不只是教導我現在該做什麼。

——麥爾坎（英國）

許多學員表示，認真傾聽他們說話的人是貴人。他們談到某些教練或其他人提出值得思考的問題，幫助他們分析問題，進行更深入的思考，而且這些人透過留心、關懷與獨到的觀點，幫助他們逐步解開混亂的情緒。這些助人者往往引導他們擬定務實的行動方案，同時採用正確的方法讓他們感受到理解與支持。

也有某些教練（其他課程、培訓計畫或大規模開放式線上課程，即磨課師〔MOOCs〕）表示曾有人激勵、鼓舞他們追尋夢想，最終達成原本意想不到的成就。他們筆下的貴人盡量多看他們的長處，逐漸加強他們的自信心和能力。他們也形容某些人不怕說出誠實的看法，即使話並不中聽。不過，就這類情況來說，有效果的回饋意見是出於好心和同情，不是為了詆毀，而是要讓對方變得更強（更多磨課師成員的說法請見「對我幫助最大的人」）。

這些說法引出了其他相關主題。對他人產生影響的人多半：（一）善於鼓舞別人；（二）展現由衷的關切；（三）給予支持和鼓勵，以及（四）讓接受教練或幫助的對象儘快實現夢想，找到熱愛的事物。這四項行為呈現出我們在第一章介紹的**同理心教練法**，第三章會有更詳細的討論。我們將這種方法與可稱為**追求服從的教練法**相比，後者是指教練設法讓對方儘快努力達到某項外界定義的目標，而不是幫助對方清楚表達和實現內心的願望。儘管追求服從的教練法很常見，卻極少有受訓者達成持續的改變，也很少有人因而全力以赴，更別說完全發揮潛力。但有同理心教練法就是辦得到，它幫助人找到適合自己的方式，在人生中成長、改變，而且在過程中給人有助益的支持，以達成持續的改變。

我們經由以企管碩士班學生和凱斯西儲大學的專業研究員為對象的長期追蹤研究，彙集證據證明有同理心教練法具有成效。由受過同理心教練法訓練的教練，教導為期一學期的領導能力培養課，而那群研究生上過這門課後，在情緒智力與社會智力有極為明顯的重大改變（亦即他人眼中的行為），並據以培養自身的願景（上述研究的細節參見「研究聚焦：持續的改變」）。[4]

明確地說，具有同理心的教練在這種情境下協助個人創造深具說服力的願景，藉由三百六十度回饋（360 degree feedback）和其他意見以評估自己，擬定學習計畫，並參與同儕教練，以練習新行為（這部分在之後各章會說明清楚）。

研究聚焦：持續的改變

過去幾年間，理查・博雅齊斯（Richard Boyatzis）和不同的同僚一起進行三十九項長期追蹤研究，散見於十六篇同儕互評的論文和書中章節[5]。

這些研究追蹤一門碩士班課程，是結合同理心教練法和意向改變理論（Intentional Change Theory，ＩＣＴ；第三章會詳細探討）。結果顯示，成人的情緒與社會能力（emotional and social intelligence，ＥＳＩ）經過培養後，有大幅度改善（二十五至三十五歲的企管碩士班學生，以及平均四十九歲的專業教師），而且改善持續五至七年。結果明確顯示，全職學生在就讀企管碩士班之後一至二年，情緒與社會智力提高六一%，而非全職學生修了這門課以後的三至五年間，也有五四%的改善。二批同期的非全職企管碩士生畢業後二年，仍呈現五四%的長足進步，距進入碩士班修讀這門課已過了五至七年。與上述結果對比的是，根據八個優異的企管碩士學程的成效研究，在一至二年間（我們推測還會再下降）進步約二%，而企業與政府的培訓計畫則顯示，訓練結束後三至十八個月進步了一一%（我們再次推測，過一段時間後會有顯著下滑）。[6]

找回失去的喜悅

第一章曾提到整形外科醫師葛瑞格的故事。當他發現自己不快樂，就向教練求助，在教練的全力支持下經歷了成長與改變。許多人不僅一次有過這種時刻，覺得跟真正的自己失去連結。葛瑞格在某次這樣的時刻，向外界尋求某種幫助；對他而言，是找一位任職於「領導力養成計畫」的教練。

但沒那麼簡單。畢竟葛瑞格一直都在追求成功的職涯，年紀輕輕就當上整形重建外科主任，也在位於俄亥俄州克利夫蘭的大學醫院轄下的彩虹嬰兒暨兒童醫院，擔任顱顏中心主任。葛瑞格接受教練幫助之後，逐漸領悟到這些成就是人生旅程的一部分，自童年起他就有一定要成功的渴望，而且永不滿足。他不僅就讀於首屈一指的常春藤聯盟預備學校，同時是三項運動的明星運動員，也因為頂尖的課業成績獲得表揚。這股野心在進入杜克大學後依舊強烈，之後赴國外念醫學院，再來是整形外科住院醫師訓練，最後成為賓州大學顱顏研究與加州大學洛杉磯分校顱顏手術的研究員。

然而，葛瑞格很久沒感受過獲得成就的喜悅。透過跟教練之間的深度談話，他才慢慢揭開人生當中最深切的夢想和憧憬。他逐漸了解到在一心追求「成功」的過程中，他忽略了真正熱愛的事物和人生志向，像是跑步，或是和在南佛羅里達州的家人與兒時友伴住得近一點。他目前每星期必須工作七十至八十小時，哪可能找出時間做這些事？

葛瑞格的教練要求他花些時間，從不同面向細細思考自己的夢想，並且清楚說出來，加以探索。同時要他試著把想要和真正的欲望，區別人生的**應該**和**應當**。葛瑞格很快就分辨得更清楚，他的正能量和動力也有所恢復。有人跟他說，他的家鄉小鎮羅德岱堡有一家提供全面服務的皮膚科暨整形診所，打算增聘一位整形外科醫生，他採取了行動。葛瑞格原本沒想過要找新工作，但他很快明白這個職位非常適合他。他及時加入了一家成功的診所，他回到家鄉和家人及兒時好友生活。他不像過去那樣一週工作七、八十個小時，而是一星期上一天班，收入也大幅增加。

葛瑞格最終獲得了他想要的平衡。這並非一蹴可幾，但這個過程還是比他原先以為的更快，也更令人滿足。他對教練這麼說：「我一定是在作夢。有人給了我一份極好的工作，工作時數變少，收入卻增加許多，而且是在我美麗的家鄉羅德岱堡。還有比這個更棒的事嗎？」

共鳴關係與教練的關係

要是葛瑞格的教練只想教練他服從某種外在標準，可能會引導他找出更有效率的工作方式，以減少工作時數。或者，教練可能和葛瑞格一塊想辦法，找出對他最有利的定位，可在院內獲得升遷。不過，葛瑞格的運氣不錯，他的教練懂得運用同理心教練法，幫助他發現**理想的自我**（ideal itself），並且逐步成為那樣的人，有最深的企盼與夢想。二人就這樣逐漸發展出**共鳴關係**，也就是建立在正面情緒與真實連結之上的關係。這份關係最終會幫助葛瑞格進行全面而持續的改變，而不是著重解決某個問題。

成功的教練和助人者在幫助人找到熱情、追尋夢想的過程中，和教練對象建立起有共鳴的長久關係。這類關係有以下特徵：（一）整體情緒基調是正面的；（二）和教練對象有真誠實在的連結。這種關係中有一種心流（flow），因為教練相當了解想要幫助的對象。

理查・博雅齊斯與安妮・瑪琪（Annie McKee）在二〇〇五年出版的《共鳴領導學》（暫譯，*Resonant Leadership*）一書中探討二項特質，是**通往復原**（pathways to renewal）的行動步驟。他們表示，擔任管理職給領導者帶來慢性壓力，對身心造成影響，但在領導者專注當下、抱持希望和同理心時，這種經驗可以幫助他恢復健康。結果發現，通往復原的行動步驟也可用於創造愉快的教練關係。有共鳴的關係一旦形成，教練和受教練者就能心有靈犀一點通，產生理解與默契進而一起努力。壓力的減輕，以及希望、正念（察覺當下、專注當下）和同理心的益處，為生活帶來正面影響，這份默契會在互相倚賴的二人之間流動。克萊兒・史卡特・蜜勒（Claire Scott Miller）和尼爾・湯普森（Neil Thompson）的情況正是如此。

有意義的連結深具力量

班機在倫敦的希斯洛機場降落前那一刻，克萊兒感到既焦慮又亢奮。她很快就要見到那名高階主管，過去三年來二人只透過電話談天，建立起愉快的教練關係。

她最初教練尼爾時，他在某家總部設於蘇格蘭的全球龍頭企業擔任策略商業開發部主管。這家企業專為石油與天然氣、可再生能源、代工廠商、海運與防禦產業，提供流體輸送、電力與控制的整合解決方案。克萊兒留下來教練尼爾進入公司高層。她從一開始就很努力建立有意義的連結。這就表示不能只了解尼爾在職場上的各種目標。她也想知道他對家庭和工作以外的生活，有什麼樣的夢想與冀望。尼爾感受到克萊兒帶來了正面的教練關係，在首期教練合約到期時，請求展延一年，翌年又延了一次。尼爾在升任商業長之前，就相當倚賴克萊兒的支持，使他在追求個人志向與專業發展的路途上都更加順利。

克萊兒既已培養良好的關係，現在她就要見到尼爾本人了。她和丈夫去倫敦見過家人後，就去愛丁堡參加國際藝術節與愛丁堡軍樂節。尼爾那星期正在格拉斯哥度假，但撥出一些時間陪家人（包括一名六個月大的寶寶）去愛丁堡，好跟克萊兒夫婦共度時光。儘管二人是頭一回碰面，卻聊得自在又暢快，猶如多年好友一般。

顯然她是相當稱職的教練。她設法和尼爾建立共鳴關係，幫助尼爾清楚說出並且追求夢想。她在過程中真心在乎和關切對方（這是同理心教練法的基本要素），因此建立良好的關係。她的方式是問尼爾有意義的問題，仔細傾聽他的回應，跟他建立感情。但她也願意分享有關自身的事情，在某種程度上坦誠以對，以幫助尼爾和自己培養更好的共鳴關係。克萊兒樂於分享，並顯露自己脆弱的一面也成為尼爾的榜樣，使他更能夠輕鬆分享對他的發展有益處的事物[7]。

克萊兒在教練尼爾過程中所建立共鳴關係，基本上至少包含三項特質：（一）體驗正念（察覺當下、專注當下）；（二）喚起希望；（三）展現同理心。

若教練專注當下，就表示他們的心思完全放在教練對象的身上，充分感受當下這一刻。他們完全了解那個人，懂得對方在說什麼，也明白對方的感受。察覺當下的教練也非常有自覺，隨時知道自己在想什麼，有何感受，而且會小心避免將自身的想法和感受，投射到教練對象身上。於是產生真誠實在的連結，受教練的人經常覺得好像在跟好友舒服自在地談天。

高明的教練也點燃了希望，引發深刻的意義。有時候，他們重新點燃了教練對象曾經有過、但逐漸淡忘的熱情。如果一個人希望有朝一日成為理想中更好的自己，就必須先知道是什麼事物賦予他生命的意義與目的，並且覺得有可能達成。因此，成功的教練會提出發人深省的問題，幫助個人找出最重要、最具意義的事物。但人即使有了深刻的意義和目的感，也很難往前邁進，除非他們也感受到希望。因此，成功的教練試著創造那份希望，徐徐增強教練對象的信心，讓他們相信只要專心致意的努力，內心預見的未來一定能實現。

最後，成功的教練展現出對他人的關心。這份關心不只是一般的同理心，或大致明白對方的感受。應該說，這樣的教練深深關心對方，願意憑著這份關心採取作為，提供必要的指引和支持，以幫助教練對象實現夢想。再說一次，這是同理心教練法的本質。

最重要的是，成功的教練善於鼓舞他人。人們跟教練談完話以後，應該要覺得充滿活力、情緒正向，非常想採取果決的行動實現夢想。但不只是接受教練的人覺得幹勁十足，成功的教練談完之後也會覺得受到鼓舞。

這種現象稱之為**情緒感染**（emotional contagion），是在某些情況下，二人在某個瞬間不發一語的交流，有可能發生在各種不同的層次，包括神經網路的層次。我們將在第四章詳細說明這種現象，但現在姑且說情緒感染會讓教練和他的教練對象將充滿希望、同理心、正念，以及認為生活和工作有令人期待的可能等等感受，傳染給對方，相互影響[8]。

誰幫助過你？

本章稍早分享過幾位磨課師學員的說法，現在輪到你了。許多人都可以回想起某人在談話中啟發我們思考真正關心的事，或想達成的人生夢想，不管那人跟我們是什麼關係。這樣的談話引發了深刻的思索，最終促使我們採取行動，以創造未來。

第一章提到，若想幫助別人，最好動手做本書中的練習。做練習是幫助你了解自身動機、情緒和志向的一大關鍵，也因此和你想幫助的對象建立有共鳴的關係。進行這些練習有助於點亮你內心的火焰，了解自身的熱情所在，想要什麼樣的未來。這股內心的火焰會創造出積極正面的情緒經驗，而在你擔任教練，教練他人時，就好像劃根火柴點起火焰一樣，這就是情緒會感染的本質。

那麼，想想誰曾經用足以刺激思考的方式教練過你，那一刻點燃了你心中的火焰，使你明白自己的熱情所在，因而改變了你的人生軌跡。也許是某個運動的教練或高中老師，父母或其他親戚，或工作上的主管或職場導師。也許是個好友。想想這些人給你什麼樣的感受：充滿希望？動力？充滿各種想法及可能？他們一定也表現出真心在乎與關切。或許他們讓你更加明白、欣賞自己在最佳狀態時的模樣，或者曾經幫助你預想令人期待、奮發的未來。他們很可能毫無保留地支持你，只要是你想達成的目標，都想幫助你實現。

重點是要懂得區分哪些人幫助過你，哪些人或許**試著**（tried）幫你，但不知怎地，總是功虧一簣。這些人不僅無法帶給你希望，還會讓你意志消沈，覺得自己不夠好，或被迫符合他們的標準，而不是由你自己創造標準。

現在先做完本章最末的思考和應用練習。我們稍晚再回來討論。

第三章會深入檢視如何進行有同理心教練法（對比追求服從的教練法），我們也會探討意向改變理論的五項發現。若你希望某些方面有持續的改變，這五點至關緊要。

第二章學習重點

一、好教練用心啟發追求夢想的人，使其充分發揮潛力，一路上給予鼓勵和支持。這種方式我們稱它為「同理心教練法」，並且拿來跟「追求服從的教練法」對比，採取「追求服從的教練法」的教練努力讓某人朝外在的明確目標邁進。

二、若想輔導他人達成真正企盼的長期改變，必須跟他們培養有共鳴的關係。這種關係的特徵是：發自內心的交流連結，以及積極正面的情感基調。

思考與應用練習

想想你在人生當中遇到的人，誰是你成長過程的大功臣，給你激勵與啟發，讓你達成今日的成就？人生每一個面向都要想到，不光是工作。

把你的人生分成不同的階段或時期，這些時程很可能代表重大的人生變化或重要儀式。對許多人來說，大致上如下所列：

第一個人生階段：幼年至少年（零至十四歲）

第二個人生階段：高中（十五至十八歲）

第三個人生階段：大學、服兵役、職場新鮮人（十九至二十四歲）

第四個人生階段：剛進職場至職涯中期（二十五至三十五歲）

此後，大約每十年為一個階段，一直到你目前的年紀。請注意，前述列舉的人生階段僅供參考，你應該依照自身狀況修正，包括家庭教育（從小受到的教養）、文化背景、學歷與工作經驗等等。

製作一個表格，包含三列，由上至下分別是：人生階段、姓名或縮寫、備註，在相關欄位內依序寫入文字。

首先是某個人生階段；再來，對你啟發最大的貴人，寫入姓名或縮寫。最後，在備註欄列出具體事實，針對他們當時說的話或做的事，表達一下你的看法；如今回想，這些人給你什麼樣的感受（不一定是指事件當下）。最後，你從中學到什麼，有何獲益？

圖表2－1　我生命中的貴人

生命階段	姓名或縮寫	備註

表格完成以後，花些時間分析每一項條目。在同一個階段（或歷經不同的階段），這些人給你鼓舞或激勵的方式有何相似或不同？這些相異或相似之處的本質又是什麼？是否有特定模式或主題？在表格外的空白處寫一段三百字以內的短文，描述你觀察到的模式，並說明它們是如何形塑你成為今日的你，以及你渴望成為什麼樣的人。

第三章

同理心教練法

激發持續、渴望的改變

當人們想要改變行為時，就會以他們想要的方式進行。如果不想改變行事的內容或方式時，效果往往很短暫。我們一再看到這點，而觀察到主管教練員工改變行為以符合組織期待，或是運動教練為選手重訓時要求對方舉得更重，為此投入更多心力。我們看到它就在於內科醫生是如何指導病患，應該為了健康著想而改變生活方式，以及職涯教練僅憑著客戶的工作技巧或職涯歷程，就引導他們到特定的機會上。

這些例子全都描述對教練的常見看法，作業是依照你的經驗、專長或權威來提點個人該做什麼和該怎麼做。它或許會有時間和地點，但是，**追求服從的教練法**不大可能獲得持續的行為改變。只要看看仰賴個人行為改變的組織變革，失敗率約有六、七成。[1] 或是看看未能遵從醫囑治療或服藥的慢性病患，比例近五成。[2] 獲得告知自己必須或需要改變，並不是以有效的手段，幫助我們在變更行為上可長可久。

在本章裏，我們會詳細探討追求服從的教練法和同理心教練法的不同。我們也會導入同理心教練法五步驟，並證明持續、渴望的改變，關鍵就在此。我們開頭的故事就會闡明，本書一位作者現身說法，分享同理心教練法和追求服從的教練法有何不同。

為熱情解鎖

在近十五年的銷售與行銷管理後，梅爾文（Melvin；按：本書作者之一）決定回到學校，全職攻讀組織行為與人力資源管理博士學位。對於未來可以在大學等級的學校教書，還有機會為企業提供訓練和諮商，他很興奮。不過他很快就得知，頂尖的博士學程試圖錄取的是對研究而非教學和諮商有興趣的學生。因此他在申請時，聽從教授的建言，表現出自己是個對於研究有興趣的人，但也有興趣透過教學和諮商實際應用所學。他的策略奏效，錄取匹茲堡大學的博士學程，入學之後表現優異並精進研究能力，使自己躋身為前途看好的學者。

取得博士學位之後，梅爾文在凱斯西儲大學爭取到終身職，他往學術生涯轉型。在任教的第一年期間，他做了必要的事以確立和追求他的研究。到了第二年，除了學位學程的教學責任，他獲派教導幾門高階主管學程。過沒多久，他察覺到自己在教學上花費愈來愈多的時間和注意力，但他樂在其中。他熱愛啟發別人從他和同事的研究中應用知識，他的學生和學程高階主管所感受到的熱忱打中人心又有感染力，但是，他的研究卻開始停滯。

在這段期間，梅爾文收到系主任和其他人的建言，建議他應該要聚焦在研究，因為在即將到來的第三年評鑑，研究必須要有進度。他知道這很重要，那才是自己「應當」要做的事，於是他開始扭轉行為，在關鍵的研究上衝進度，並為第三年評鑑備妥像樣的成績單，以描繪並展示研究進度。他通過第三年評鑑，但他受到告誡，原因是在不屬於研究領域的教學上花費太多時間。假如他希望拿到終身職，教學、提點博士生、教育高階主管都是次要的。

梅爾文固然珍惜這些建議，卻發現自己對於教學依舊懷抱熱情。他不但樂於助人學習，還發現自己對於教學很拿手。在知道「自己應當要做什麼」和傾聽內心告訴他「什麼才讓自己真正樂在其中」之間，他發現自己左右為難。

在第四年時，靠著系上的獎助計畫，梅爾文有了機會正式與教練配合。[3] 由於他曾有教練，他預期新教練會聚焦於他需要做什麼以達成升等和終身職。但他立刻發現，教練完全沒有要他追尋任何外在界定的目標，教練純粹是為了幫助**他**描繪自己「想做什麼」和「將來想要成為誰」，並且幫助**他**釐清要怎麼往那個方向走。

教練並沒有花多久就辨認出，梅爾文在研究和教學之間糾結了一陣子。一方面，他所表達出的渴望是，接下來幾年要聚焦在研究上並爭取終身職。不過另一方面，他想要延續自己在高階主管教學上所做的努力，甚至是擴大。他還表達出的渴望是，善用目前有償的演講機會，他希望有可能「全都要」。但他立刻了解，如果要兼顧，他就必須延遲教學和有償的演講機會，直到他取得終身職，這樣的話還要五年以上，因為校方的終身職申請流程是九年。他告訴自己，研究和教學都重要，但卻持續覺得受挫的是，對哪一項作為都沒有全心付出。

以系上和校方所鼓勵的方向教練梅爾文固然容易，但教練反倒是激勵他，辨認**內心**告訴他往哪條路走才對，教練要他做假設演練（hypothetical exercise）。

「要是你必須被迫選擇呢？」她問，「而且選了一個選項，你就必須全然捨棄掉另一個呢？在這種場景下，你會選擇哪個？」眼看他對決定掙扎，她說：「要是你選定一個，並且試用一陣子，就像是試穿外套看看它感覺如何。假如不喜歡，你就脫掉它，試穿另一件；我們再一起回頭聊聊。」

梅爾文先「試用」研究和終身職這條路，他想像假如絲毫沒有高階主管教學和外部演講邀約，它會像是怎樣。他開始全心全意投注到研究上。他在那個空間裏短暫待了一陣子，但他立刻發現，對於它感覺如何，他並不喜歡。長時期留在那個空間裏的念頭實在讓人不自在。他覺得自己會錯過真正想要投身的事。

來到此刻，依教練所建議，梅爾文切換心態到高階主管教育和演講邀約的選項。他幾乎立刻就感覺到不同。不做那麼多研究的念頭固然不是他視為理想的事，但令他訝異的是，這個選項比前一個感覺好上這麼多。對於他在這個選項中會追求的種種活動和機會，他感受到了真正的興奮。

內心在告訴他什麼是無庸置疑，「這就是了！」他想。

下次見到教練時，梅爾文分享了他的新見解，剩下的教練課則聚焦在邁向未來的真實熱情與理想願景所要採取的步驟上。他一下就變得自在的事實在於，機會到來時，他會選擇以教學和演講為主。假如這麼做意謂著研究的時間會變少，因此會比較不容易拿到終身職，他意會到自己對此可接受。研究感覺起來比較像是推力，一種他覺得**應當**做的事，而不是打從心底所想要做的事。教練幫助他看出這點。

在接下來的好幾個月，梅爾文比之前的一段時間都要開心，讓他從糾結中解脫。他追求內心想要做的事，並對這會帶到自己到哪裏感到自在。接著出乎意料的是，校方所設的新職位高階主管教學主任找上了他。假如接下職務，他就會在擴展學校的高階主管教學上受到重用。唯一的關卡在於，它並不是終身職；要接任職務，他就必須脫離研究終身職。

要不是受到教練啟發，著手探索自己內心的理想未來，梅爾文很可能甚至不會考慮非終身職。不過，他最後接下職務，現已樂在其中超過十二年。他會告訴任何願意聆聽這個故事的人，它是自己所做過最好的職涯決定之一，而且他無法為自己寫出更好的職務描述了。這個職位不僅容許接下世界各地的演講和培訓邀約，而且他也繼續在校內擔任他最樂在其中的課程教學工作，同時依舊投身於他真心感興趣的研究和專案。

如果梅爾文的教練聚焦在要他「服從」，而不是以同理心幫助他辨認和追求內心對未來的願景，想像一下，結局會有多麼不同。所幸梅爾文的教練是透過我們稱之為「意向改變」（intentional change）的五階段或**探索**（discoveries），從本質引導他。

意向改變理論模型：同理心教練法五步驟

同理心教練法所走的路會通往持續、渴望的改變，而經過證明的方法，就是透過博雅齊斯的意向改變模型（參見**圖表3－1**）引導個人。意向改變理論（intentional change theory，ICT）是基於顯著的行為改變並不是以線性的樣貌發生，它並非始於起點平穩進展到渴望的改變完成為止。行為改變往往是由**斷斷續續發生**的碎形或多層次所形成，博雅齊斯以**探索**描述它。要使行為產生持續渴望的改變，個人就必須形成五項這樣的探索。[4]

探索一：理想的自我

以這些探索中的第一項，助人是始於探討並勾勒出他們的**理想的自我**（ideal self），所問的問題像是「我真正想要成為誰？」和「我在人生中真正想要做的是什麼？」[5]要說明的是，這不單是關於職涯規畫，它更全面，關於幫助對方為所有的人生層面構思理想的未來，展望但不限於目前的人生和職涯階段。教練或助人改變者要鼓勵對方展望本身的自我效能（self-efficacy；一個人能否運用自身的能力，相信自己可以做到某些事情、達成目標的程度），並（或可能）有什麼事可以激發希望和正向樂觀的感受。還要鼓勵他們的是思考核心價值與認同，以及他們將什麼是情視為人生的使命或目的。最終他們將能勾勒出未來的個人願景，

圖表 3-1　意向改變理論模型：同理心教練法五步驟

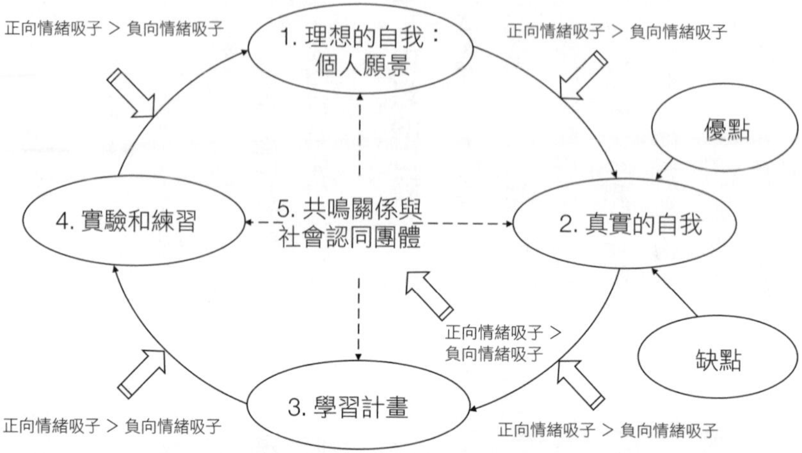

資料來源：改寫自 R. E. Boyatzis, "Leadership Development from a Complexity Perspective," *Consulting Psychology Journal: Practice and Research*60, no. 4 (2008), 298–313; R. E. Boyatzis and K. V. Cavanagh, "Leading Change: Developing Emotional, Social, and Cognitive Competencies in Managers during an MBA Program," in *Emotional Intelligence in Education: Integrating Research into Practice*, ed. K. V. Keefer, J. D. A. Parker, and D. H. Saklofske (New York: Springer, 2018), 403–426; R. E. Boyatzis, "Coaching through Intentional Change Theory," in *Professional Coaching: Principles and Practice* , ed. Susan English, Janice Sabatine, and Phillip Brownell (New York: Springer, 2018), 221–230.

和／或也許會有的**共享願景**包括家人、工作團體，或更大的社會志業，下文和第六章會詳述這點（「理想的自我」模型參見**圖表3－2**）。

在教練個人探索「理想的自我」時，他們一定要思考自己「**真正**想成為誰？**真正**想做什麼？」人太常會自認勾勒「理想」的我，事實上所描述的卻可稱為「**應當」的自我**。自認為應當成為誰，或他人認為他們應當要對人生做什

圖表 3-2 理想的自我

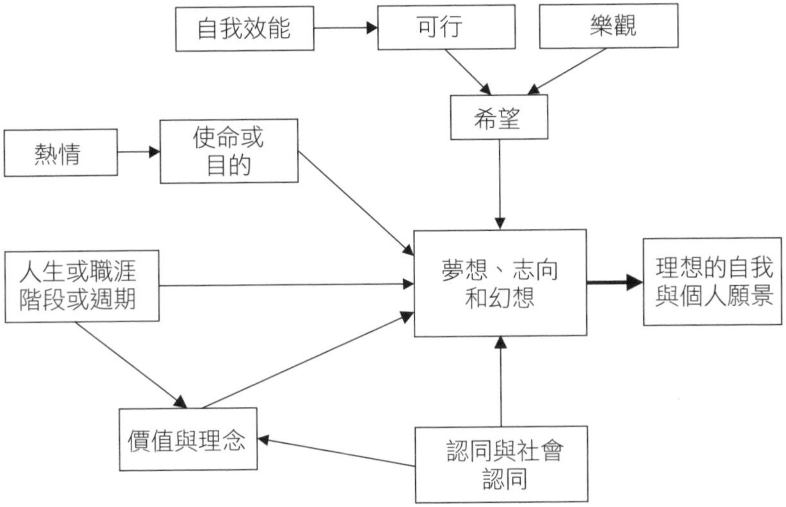

資料來源：改寫自 R. E. Boyatzis and K. Akrivou, "The Ideal Self as the Driver of Intentional Change," *Journal of Management Development* 25, no. 7 (2006): 624–642.

麼。我們在梅爾文的故事裏就看到了這點：當他所追逐的事是應當要做（以更多的研究獲得終身職），而不是理想要做（更多的教學和演講邀約）時，就不可能具有持續改變行為所需的能量和熱忱。

助人真切探索「理想的自我」，牽涉到的不只是以認知和心智演練引導，更要啟動情緒體驗的過程（透過我們在這裏的課程和書中章末的「思考和應用練習」），使他們覺得內在彷彿燃起熱忱的火焰。你和他們就是以此得知，他們真正發現最棒的自己，以及什麼是他們最關切的事情。

助人全面探討「理想的自我」，有效方式在於要他們訂定個人願景宣言。我們知道，當組織制訂由組織的成員所共有清楚和有說服力的願景宣言時，結果就能正向又有威力。它能有助於激勵、觸動、啟發和提供目的與方向感。我們相信，人對於人生的個人願景宣言對個人可以同樣有意義。「瞄準靶標，命中的機率就會大增」的俗話聽起來不言自明。確實如此，在沒有個人願景宣言下度過人生，不就像是打靶時不瞄準靶標？

在我們的某些學程與課堂中，我們會播放由攝影記者兼企業培訓師迪威特・瓊斯（DeWitt Jones）旁白的影片《禮讚世間美好》（*Celebrate What's Right with the World*）。[6] 在片中，瓊斯強調有個人願景很重要。他鼓勵觀眾精簡願景成為六字宣言，可以背下來天天啟發自己。身為教練，在助人帶來有意義、持續的改變時，那是你所能做到最有力量的事之一：幫助他們找到相關的熱情和熱忱，以辨認「理想的自我」，並訂定「個人願景宣言」。

探索二：真實的自我

在意向改變過程的第二項探索上，教練別人，就代表必須幫助他們對於**真實的自我**（real self）有準確的看法。不僅事關乎評估優點和缺點。它反倒是關乎幫助他們全面且真實辨認出「自己是誰」，以相對於他們在個人願景中所表述自己「想成為誰」。

在這項探索的期間，教練的重要角色在於，幫助個人辨認「理想的自我」和「真實的自我」交集的層面。這些層面是他們的優點，可以在後段的改變過程中加碼。接下來，教練應該要幫助個人了解「真實的自我」和「理想的自我」沒有交集的層面，這代表在可以透過特定行為縮小二者差距。

教練還應該要幫助個人認清，「真實的自我」包含的不只是自己如何自我看待，還需要考慮他人是怎麼看待自己。有些人或許主張，他人是怎麼看待自己是基於觀感，不見得反映自己究竟是誰。不過，真相是在本質上，他人對我們的集體觀感代表我們「如何示人、我們是誰」的關鍵。因此，如果要幫助對方提升自我覺察，並對「真實的自我」培養更全面的看法，教練應該建議他們定期向他人尋求回饋。換句話說，不管自己意向為何，必須了解實際上他人對自己的觀感。

當我們聽到自我覺察時，尤其是相對於領導，焦點常是擺在人的內部自我覺察上，也就是自身對於一己優點和缺點的看法，還有一己的價值和志向。這樣的焦點固然重要，卻忽略了自我覺察另一個重要的面向，那就是他人是怎麼看待。沒有準確解讀他人對自己觀感如何，對真實的自我的看法就不完整。

提升自我覺察的一種方式是取得多方觀點（三百六十度評量或回饋），這個過程使個人能自我評估各式各樣的行為，同時也由他人從若干的關係與／或背景（整體情境）評估。傳統的看法是，拿一己的自我覺察跟他人的評估比較，是衡量自我覺察的方式。巴布森學院

（Babson College）的史考特・泰勒（Scott Taylor）是我們的朋友與同事，在領導者自我覺察的層面上做出了不少成果，並表示自我覺察比較好的指標，是**預測**他人如何衡量自己，並和**實際上**他人如何看待自己比對，看看二者是否有落差。[7] 因此，好教練會幫助受教練者強化自我覺察，因而對「真實的自我」更有感，靠的是幫助他們培養「感同身受」的能力，並有效設身處地解讀他人如何看待自己。如此一來，他們就能定期評估自己的**意向或意圖**（主觀的自我）會反映多少他人對自己觀感的實際**影響**（客觀的我）。

並非人人都有資源或機會參與多方評量的回饋評估過程。但要成就相同的目標有其他的方式。首先，教練或助人者可以要個人誠實評估自己往往做得滿好（或拿手）的事，以及往往做得沒那麼好（或沒那麼擅長）的事。研究顯示，這樣的自我評估或許帶著偏見，但還是過程中的重要部分。接下來，依照史考特・泰勒的建言，教練應該要受教練者預測，在感興趣的關鍵行為上，別人如何評估自己。最後，他們可以實際尋求別人的非正式回饋，看看自己的預測和別人的實際觀感是否有落差。

編製「個人人資產負債表」(personal balance sheet，PBS）是幫助當事者，在任何一個時間點大致掌握「真實的自我」，不管他們有沒有參與正式的回饋過程，這張表幫助他們歸類短期和長期的優點與缺點（或是發展機會），然後他們可以依照理想的自我和個人願景宣言，研判它們在哪裏契合、哪裏則有落差。一旦認清和接受優點，以及了解「理想的自我」

與「真實的自我」之間的落差，他們就準備好在改變的過程中往前邁進。[8]

梅爾文在擔任教員之初所得到的回饋顯示，他有不錯的教學和引導技巧，並且是觸動人心的演講者。他認清如果要成為稱職的教育者和搶手的演講者，這些是可以進一步發展和加碼的優點。梅爾文也得到的回饋是，他的研究產能屬於低檔。當時他的手邊研究案數相對有限，頂多是以中規中矩的步伐前進。要是他從絕對的意義上看這份回饋，結果採取了傳統的發展路徑，他很可能會把最大的注意力，用在縮小關鍵發展機會的落差，在這個案例中就是他的研究產能。不過在與教練配合以釐清個人願景後，它就變得很清楚，他應該要導引自己的能量，對於優點下工夫，以直接支持願景中最重要的專業面向。這並不意謂著對研究產能上的回饋就加以忽略。他只是持平看待，決定先激起他所感受到的正向情緒能量，以運用優點追求願景。

在運用個人資產負債表時，這是重要的考量。個人常常會立刻就轉移注意力到缺點上，並開始設法因應。但有同理心的教練可以幫助他們看出，要怎麼使改變的努力更成功，靠的是**先**承認和槓桿這些優點。然後他們才應該試著因應幫助讓他們個人願景取得最大進展的缺點。

探索三：學習計畫

意向改變過程的第三步是訂出**學習計畫**。教練或助人者先要個人重溫前一項探索中所辨認出的優點，再思考或許利用這些優點縮小落差。關鍵在於，人要思考在行為改變的方式上，嘗試什麼會使自己最興奮而有助於變得更接近「理想的自我」。這不同於績效改善計畫是聚焦在因應所有的缺點上，這會開始感覺像是工作，而且實際上可能會妨礙改變的過程。

教練反而該幫助個人認清，假如繼續做向來都在做的事，他們就會繼續是向來的自己。他們要改變，就必須做一些不同的事。這是梅爾文所體驗到不自在的拉鋸，在第一優先是教學還是研究之間左右為難。他雖然感受到那股拉鋸，仍繼續著墨於相同的行為，並沒有對哪條路全心投入。他彷彿是期待，那股拉鋸會神奇地逐時消失。

感受哪一條路最令人興奮，是另一種檢驗方式，聚焦在你正在邁向目的與願景，而不是別人對於你「該做什麼」的高見。例如每當梅爾文得到機會設計新的學習體驗時，像是工作坊或課程，他就很雀躍。假如要在設計新的學習體驗還是對研究論文下工夫之間選擇，他向來都會先選學習體驗。對他而言，這是最有拉力的磁力，比研究要強的正向吸子。

做不同的事也是第四項探索前半段的本質（之後我們會略為說明）。它牽涉到實驗、然後練習新行為。固然是勾勒為相異的探索，但這些實驗與練習的努力實際上是為了制訂學習計畫的期間所規畫。在本質上，第三項探索少不了規畫人要做什麼，第四項探索則牽涉到將計畫付諸行動。

探索四：實驗與練習新行為

在意向改變過程中，這是第四項探索，教練要鼓勵個人繼續嘗試新的行為與行動，即使它並非向來都會通往所設想的結局。實驗的努力有時候會失敗，那沒關係。這就是實驗的用意。假如事情不如預期管用，教練就該鼓勵人要嘛再試試看，要嘛試試別的事。

梅爾文的教練要他針對二條相斥的專業路徑聚焦於其中之一（教學和演講對比學術研究）。在了解到這麼做會完全折損另一條下，教練激發他只選一條。之前討論過，梅爾文完成了實驗，並意會到他雖然不喜歡完全放掉研究和寫作，可是在考慮要把那當成工作的焦點時，空虛感就油然而生。他意會到聚焦在教學和演講，**並未**出現那種空虛感。實際上，他感到雀躍，而且證明符合梅爾文持續渴望的改變。

為了觸發這第四項探索所渴望的「突然」(a-ha)，重點在於要繼續實驗到使人找到對自己管用的事為止。然後，教練可以幫助他轉移實驗的努力，到第四項探索後半段的實際練習上。這個時候，練習很重要，然後多練習一點。但很多人卻在這一點功虧一簣，只練習到對新行為感到自在的地步。這對暫時的行為改變無妨，可是當我們忙碌、不知所措、生氣、失眠或壓力導致思緒混亂時，它就不是一直都管用了。就在此時，我們很可能會重現舊行為。但是，假如我們能一直練習，直到超越了自在而來到精熟的地步，我們就能以真正可長可久的方式改變行為。

這對梅爾文意謂著，耗時、長期的研究專案超出他首要研究時，必須練習說「不」。先前對於這些機會，他幾乎向來都會說「好」，因為他覺得它有助於建立自己的研究布局。不過，等到確定新焦點，他就必須養成新習慣，更嚴謹面對時間分配和回應需求，只接受自己最感興趣的事。

對於人練習新的行為必須多久才會達到精熟的地步，好幾位研究人員和作者列舉過看法。在一九六〇年的著作《改變生命的自我形象整容術》（*Psycho-Cybernetics*）中，麥斯威爾．馬爾茲（Maxwell Maltz）表示，新習慣至少要花二十一天養成。[9]史蒂芬．柯維（Stephen Covey）和其他許多人後續秉持著這個相同的高見，習慣可以靠二十一天的反覆練習養成。[10]麥爾坎．葛拉威爾（Malcolm Gladwell）在二〇〇八年的暢銷著作《異數》（*Outliers*）中表示，精熟必須練習一萬小時。[11]莉帕．勒理（Phillippa Lally）和她在倫敦大學學院（University College London）的同事研究花多少時間才成養成個人習慣，答案各不相同，範圍從十八至二百五十四天。[12]

不管必要的特定時間量為何，對於希望鞏固的行為，教練或助人改變者應該要鼓勵個人練習。對於新行為，受教練者應該練習到不必思考就會做好為止，使它成為新預設值。

探索五：共鳴關係與社會認同團體

在針對意向改變過程的第五和最後一項探索進行教練時，教練或助人改變者要幫忙受教練者認清一個事實，那就是他們所需要的持續協助，來自於與他人的信任、支持關係網。帶來顯著的行為改變可能會很難，獨力為之則更難。當改變的努力是深植在我們所描述的**共鳴關係**內，基於真切、真實連結具有全然正向的情緒時，它就會比較成功。與教練或助人改變者的連結，固然應該要是這些關係之一，但個人也應該要有別的，使自己能請求支持、鼓勵，有時候則是當責（accountablity，按：為交出成果擔負所有責任）。在應對意向改變過程的各項探索時，這會是他們所需。我們經常以「私人董事會」稱呼這樣的網路，透過與他人的信任、支持關係網，連同組成社會認同團體（在第八章詳述），人就會受惠於身邊一群關懷與幫助的人，這些關係會使改變的過程保持活力。

要說明的是，這張信任、支持的關係網，並非一直都包括在日常生活中與自己最親近的人。事實上，有時候那些我們最親近的人，或許並不支持我們想要落實的特定改變。這並不意謂著，他們在我們的人生中變得比較不重要。但在那項特定改變的努力上，他們可能並非是你尋求幫助的人。如我們的好友與同事丹尼爾・高曼在他的著作和論文中所說，有些則是

與理查所寫，雖然教練的每個階段都需要情緒和社會智力，但確立和維繫共鳴關係也許是最重要的事情。[13]

梅爾文的情況就是如此，他決定為人生和職涯帶來顯著的改變，離開企業界去攻讀博士和最終的學術生涯。另一半是他最親近與最重要的關係，但對於他思索要改變的可能，她完全不像他那麼興奮，而且對於他在實現它所需採取的步驟，她沒有經驗和想法。因此，他也需要了解網路中的他人，或許會提供相關的教練和支持。梅爾文徵詢近來離開行銷工作攻讀博士的大學老同學，他也請教職涯中有過類似經驗的人，包括其他已結婚生子的人，以能了解如何從企業過渡到學術界並且平衡家庭義務。梅爾文的另一半在他的人生中依舊是焦點關係，在其他的層面中提供支持，但他所擴展的信任支持關係網，幫忙促進他改變職涯的努力。關於幫助他實現渴望的改變，各種關係都列舉不同的視角，並扮演獨特的角色。

假如我們在渴望改變的努力走偏，或失去能量或焦點，這樣的信任支持關係網也能幫助我們前進。例如我們在提供領導訓練和高階主管教練時，美國某大型金融機構的資深高階主管告訴我們，他將這個網路視為「當責夥伴」(accountability partners)。他要網路中的人不只是鼓勵他，還要支持他在改變上所做的努力，針對在渴望帶來的改變付出當責。

教練和其他這些共鳴關係具有許多目的。除了支持外的一項作用，就是我們所稱的**現實驗證**(real testing)，這意謂著幫助人突破本身的盲點。康乃爾大學(Cornell University)的大衛・

鄧寧（David Dunning）在鑽研自欺的過程時，反覆提到人如何往往「不知道自己不知道什麼」（未知的未知）。[14] 特別是沒有做其他視角的現實驗證時，對於本身和他人的專長與才華，人常會製造出妄想的錯誤資訊。

同理心教練法如何有用？

近三十年來，我們訓練教練的方法都是基於意向改變理論，展現出來的就是同理心教練法。我們一再看到，個人經過這種方式教練後，為人生帶來深切和持續的改變。但它是為什麼和如何管用？在以這種方式教練下，個人更有可能為人生帶來和維持的改變是拜什麼所賜？

若干的答案浮現在腦海中。舉例來說，我們的研究說明了，當我們用同理心教練法，助人邁向自我定義的理想未來形象時，他們就很可能以可長可久的方式改變，而遠勝於他們是受到告知或覺得必須改變時。當然，人也可能在「必須」下帶來持續的改變，只要他也感受到真切、內心驅使的**渴望**帶來這樣的改變。此處的關鍵在於，激勵改變的渴望必須強過**義務或**動機。

回想一下第二章提到的足球隊員艾蜜莉・辛克萊爾。她覺得自己應當要將所有的注意力和努力，放在培養足球員的能力。不過對她的教練而言，很明顯的是，這番努力少了什麼。當她將焦點轉向真正想做的跑步時，為了成為跑者所做的持續努力和快樂顯而易見。梅爾文覺得，自己應當要花更多的時間聚焦在研究上。然而，他的系主任和學校的其他人卻看得很清楚，他繼續花時間在使他和研究漸行漸遠的教學和演講。當他探索到內心告訴自己「這是我真正想要做的事」時，正式轉移焦點到教學和演講，他就在那個空間裏茁壯。事實在於，個人的改變要可長可久，是以「自己想改變的方式」，而不是自己或他人認為「應當改變的方式」。

但是，這裏有別的事在干擾：當人受到真正的內在渴望所驅使而帶來持續的改變時，所發生的事到頭來是由一組情緒、荷爾蒙和神經過程所造就，而且這些是跟某人只是在回應外界期望時所企圖的改變不同的過程，我們在後續幾章會更詳細討論這點。要說明的是，在觸發這些情緒、荷爾蒙和神經狀態上，各種教練或助人者都（知情或不知情地）扮演要角，而且這對於個人改變或是執行的能力具有顯著的衝擊。

追求服從的教練法導致即使出於善意，教練常常會引起受教練者的戒心。人往往會將這個體驗為：負向情緒所伴隨的壓力反應、啟動交感神經系統所觸發的若干荷爾蒙過程，最後**關掉**以任何方式學習或改變的才能。如此一來，人就陷入了我們在第四章對話到更多的負向情緒吸子（NEA）區域。現在我們要說的是，在這樣的狀態下，人就是處於求生模式。他們的創意和對新觀念的開放程度會大減，而且帶來或維持行為改變的機率會極低。

想想少棒隊的小朋友在季後賽的後段局數守三壘，千鈞一髮的時刻，當他傳球到一壘失誤時，教練又吼又叫，告訴他那是多愚蠢和慘重的錯誤，並質疑他怎麼有辦法搞砸這麼簡單的傳球。突然之間，球員已經從失誤中感受到的惶恐就放大了十倍。他的壓力破表。此時他嚇壞了，心跳加速且呼吸短促。他所能想到的一切就是他的失誤嚴重，並祈禱下一球不會打來。可是它當然就是會。在剛剛受到糾正的「教練」（coaching）下，此時他怕到動彈不得，而漏接了平凡的滾地球，又來了一記失誤。

這就是追求服從的教練法經常發生的事。雖然我們或許自認是在幫助個人改善績效，卻觸發或維持壓力反應，進而牽引負向情緒吸子、啟動交感神經系統，並實際上使他們比較無能為力學習、培養或得宜地改變行為。

同理心教練法則會引起非常不同的反應，在渴望未來狀態的願景和聚焦於優點而非缺點之下，所刺激的情緒會是正向而不是負向。圍繞這個正向情緒吸子（PEA）的能量和興奮會啟動副交感神經系統，帶起一組生理回應，使人處在比較放鬆與開放的狀態下。創意源源不絕。腦中會形成新的神經路徑，進而為發生新學習和持續行為改變鋪路。

回到少棒球員上，但教練有所不同。看到男孩在大賽中傳球失誤，教練趕緊叫了暫停。他到三壘訪視球員，告訴他沒關係。他提醒他深呼吸，放鬆下來，對下一棒打者做好準備。

他強調的事實在於，他是聯盟中數一數二的三壘手，並告訴他，他那樣的傳球做過上百次了。他必須做的一切就是想想自己的技巧，並看到自己會傳出好球，如同他在九九%的時候所做的那樣。在這番教練和安撫後，此時球員就比較平靜、比較放鬆，並為下一波的攻防準備好。

這次當球朝他過來時，實際上並不是平凡的滾地球，反而是難守的球。他沒有時間用手套接球，還是要傳到一壘。他必須發揮創意。他很快想好，徒手抓球，定住腳步，挺直肩膀，漂亮、正中目標地傳到一壘出局。由於教練幫助他思考自己的優點並構思正向的結局，召喚出正向情緒吸子，啟動了他的副交感神經系統，他才能放鬆下來，並想得更為清楚而有創意。

雖然各種的研究探討過，什麼樣的教練風格對個人幫助最大，但我們所討論的差別比行為風格要深。[15]例如我們的同事凱洛・凱夫曼倡導以彈性整合各種方法，從行為和精神分析治療到教練。[16]主要差別在於，我們所檢視的是**個人的經驗**（individual experiences），而不只是教練的意向（意圖）。

如我們所說，在為個人帶來持續渴望的改變上，我們蒐羅了不少實證證據，佐證同理心教練法的成效。[17]在幫助個人為人生帶來有意義的改變上，我們也針對這種方法的威力，蒐集到許多有意思的證據。

有好幾年，我們針對第二章的思考和應用練習蒐集主管、高階主管和高階專業人士的回應。這些人分享在人生中對他們幫助最大的人時，始終對這些回憶充滿溫暖、感人的反應。不管是貼心還是造成挑戰，這些時刻都帶來了長遠的衝擊，多半是因為個人帶給他們真切的關懷與關切。當我們為這些分享的思考編碼，以能看主要牽涉到意向改變過程的哪些面向時，發現眾人所回想的時刻，約有八成都牽涉到某人幫助他們勇敢築夢、立定志向、核心價值和／或優點。在本質上，他們是幫助他們探索「理想的自我」，或珍惜自己的特殊才能。

相反地，當我們請他們回想的人是嘗試要幫助他們，但這麼做不一定成功時，我們發現遠多於半數的回想實例都牽涉到，某人在他們需要改善的層面上給予回饋。換句話說，他們是聚焦在自己（理想和現實）的落差或缺點上。[18]有鑑於這些觀察，這麼多人沒能以持續的方式改變就不足為奇了。嘗試要幫助他們的人，經常在自己不知情之下，觸發對方的壓力反應，喚起他們的負向情緒吸子，造成他們比較無能為力改變。

要當稱職的教練或將任何一種的助人角色做到成功，不可避免的是，情緒在一個人為了改變所做努力上，扮演重要角色。為了認清和有技巧地管理教練過程的情緒流動，教練需要成為專家，這有賴於教練能夠對於受教練者感同身受，創造同步感（synchrony），以容許身為教練的你，解讀並影響對方體驗到的情緒。此外，有鑑於情緒感染的角色，能有效管理教練討論的情緒氛圍也有賴於對人本身的情緒有所覺察，並認清它對受教練的人所能帶來的衝擊。我們在第七章會對這點討論得更多。

本章連同思考和應用練習，我們加入了對話指南。如同練習，指南是設計，讓各位思考這一章裏所討論的主題。不過，既然有意義的對話是助人的中心，我們強烈鼓勵各位去找人，針對這些主題對話，對話指南是幫忙開啟這些交流。各位或許會發現，與他人討論對於「思考和應用練習」有所幫助。這些主題與他人討論得愈多愈好！

在第四章裏，我們會繼續探討正向情緒吸子和負向情緒吸子，並進一步看看大腦是怎麼影響教練過程。

第三章學習重點

一、同理心教練法是始於幫助人們探討並清楚勾勒出理想的自我與未來的個人願景。這常是意謂著，幫助人們爬梳「理想」的自我與「應當」的自我的區別。

二、為了幫助個人建立自我覺察，要確保他先在個人願景宣言的情境中，考量自身的優點和缺點。這點的有用工具是個人資產負債表。個人資產負債表是在引導個人考量資產（優點）和負債（落差或缺點）。為了點燃改變的能量，教練應該要鼓勵所幫助的那些人，對優點所聚焦的注意力要比缺點多出二、三倍。

三、學習計畫不是在制訂使個人聚焦於缺點的績效改善計畫，而是應該聚焦於嘗試起來會覺得最興奮的行為改變，會有助於自己變得更接近「理想的自我」的改變。

四、教練應該要鼓勵受教練者，練習新的行為到自在的程度。持續練習，就會精通。

五、不只是依賴教練支持，個人還需要發展信任、支持關係網，以能協助自己努力改變。

六、教練必須覺察到並有效管理教練對話的情緒氛圍。

思考和應用練習

一、回頭思考自己的人生歷程，你在什麼處境和事件中是真正依照「自己的意思」行事，而不是覺得純粹是在對他人反應，或是做他人想要你做的事？你有沒有過真切覺得是自動自發追求自身夢想和志向的時候？在這些時候之前的人生哲學、個人價值或普遍展望是不是有所扭轉？這些時候在人生中感覺起來是如何？

二、在自己想要當誰和自己是誰之間，你過去有沒有感覺到不搭軋的時候？你是否曾為了討好他人而在價值上嚴重妥協？你是否曾為了務實或權宜之故，而在本身的價值或想理上嚴重妥協？在這樣的時刻，你感覺如何？

三、想想某個教練或別人帶出了你最好的一面。對於自己當時做了什麼和為什麼去做，你感覺如何？

四、想想某個教練或別人，試著要你做並不是你真的想要做的事，你的感覺如何？你有沒有依照所要求的方向改變？假如有，改變延續了多久？

對話指南

一、你在人生中的什麼時候，以你想要某人改變的方式，企圖教練或幫助某人改變行為？成效如何？此人改變了多少？那樣的行為改變持續到什麼程度？

二、你有沒有過對話所瞄準的是，幫助人探索和追求做起來會真的很興奮的事？這些對話是怎麼進行？那些人朝著渴望的改變持續進展到什麼程度？

三、在你所屬的組織中，最常觀察到哪一種教練法，是同理心教練法？還是追求服從的教練法？你認為為什麼會那樣？這對於組織造成什麼集體衝擊？

第四章

喚醒改變的渴望

激發喜悅、感恩與好奇的問題

艾隆・巴奈（化名）進入幼兒園就讀的第三個星期，老師要每個人畫房子。各位可以看**圖表4－1**一般出自班上其他小朋友的畫，然後是艾隆的畫（所有的畫都為了重現而轉換成黑白）。

後來老師要每個人畫飛機。**圖表4－2**顯示班上一般學生的畫，然後是艾隆的畫。

看了艾隆的畫之後，老師通報校長。儘管艾隆笑起來很可愛、態度從容，但二位教育者研判，艾隆的畫顯示情緒困擾、居家障礙或學習失能的可能證據，加上艾隆在課堂上對老師的引導稍有抗拒，而且看似和人有點距離。他們相信，臨床心理學家或許甚至會將這些畫視為和現實分隔的世界觀。

在一連串討論之後，他們請艾隆的父母到幼兒園。老師和校長向約瑟夫和愛麗森・巴奈（化名）拿出艾隆的畫並且表達關切。然後，他們將陳述書交給艾隆的父母說，他們的孩子應該轉到幼兒園特教班。這對父母生氣又不解。他們解釋說，他們的家庭生活美滿，艾隆並沒有顯示出情緒問題的跡象。但老師說，她擔心他在學校會跟不上並且連累到他人。

她沒有告訴他們的是，她嘗試要艾隆用右手寫字而使他抗拒。結果她停止對艾隆投以跟其他小朋友相同的注意力，使艾隆覺得孤立。他的父母在當下對此毫無所悉。但老師和校長激起每位家長的恐懼，自己的孩子或許出了非常大的毛病，而使他們產生戒心。他們知道艾隆在班上是最年幼，但他們也知道，他在家裏是個好奇、可愛和動人的孩子。他們主張應該

圖表 4-1　幼兒園生畫的房子

出自大部分的幼兒園生

出自艾隆

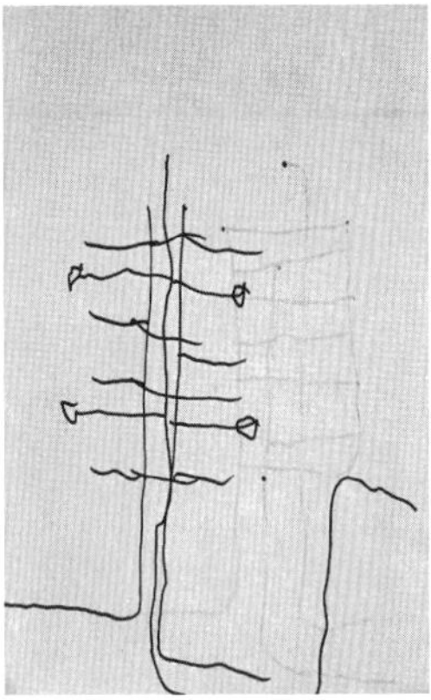

圖表 4-2　幼兒園生畫的飛機

出自大部分的幼兒園生

出自艾隆

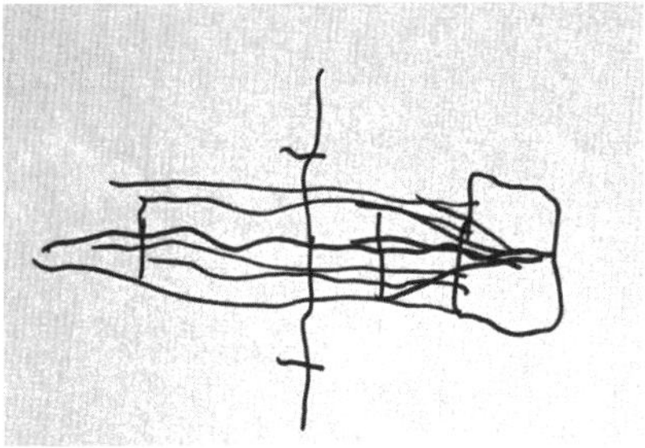

要給他機會才對。但老師和校長堅持要送他去特教班。

雙方結束談會，他的父母離開時感到懊喪，而且受到脅迫的決定可能會影響到兒子的發展和未來。他們是不是在戒心下阻絕重要的可能？或者老師和校長是不是阻絕了不同的詮釋？

當父母回到家裏，艾隆看到他們拿著二張圖，他的表情亮了起來，問他們認為他的畫怎麼樣。父母當然仍試著理解是怎麼回事。就在此時，在大公司當內部顧問的爸爸決定問問艾隆，**他**認為自己的畫怎麼樣。

父母都跟艾隆一同坐下來並告訴他，他們對圖很喜愛。然後爸爸帶著鼓勵的笑容，問兒子看到了什麼和為什麼會把圖畫成那樣。艾隆熱切地指著房子和飛機的線條說：「建築物不能沒有水電管路，飛機不能沒有液壓和電力系統。假如我先畫外在，就完全看不到內在所有重要的東西。」

他爸媽嚇了一跳。他們問了他簡單的問題，「你看到的是什麼？」發覺兒子是指日可待的建築師或工程師，對房子和飛機的看法複雜，比一般五歲小孩的看法要複雜得多。他不是學習失能、情緒困擾的孩子，而是顯現聰慧孩子的分析才智。

艾隆人生中的此刻，在事後很容易解讀成說：「當然，教育專家就是心胸狹隘。」但在充斥情緒的會面中，他們激發了在場每個人的負向情緒，「專家」相信自己正確，艾隆的父母則是尋常、戒備的父母，力主自己的孩子特別、聰明又敏感。爸爸所費的心思則相對簡單，對艾隆問對問題，探索不同的實情和對處境大為不同的評估，以及需要什麼幫助艾隆成長與發展。悲哀的是，這個學校體系的教育專家又過了二年才改變立場，讓艾隆轉班回到有朋友在的普通教室。來到此時，假定他有困擾而將他轉入特教班的老師和校長，八成拖慢了艾隆的成長。

我們的重點在此：為了幫助其他人，我們必須聚焦在**他們**（當事人），而不是我們認為事情該是怎樣的願景。我們必須了解他們。因此，我們必須跟他們談一談，並探索他們的世界觀、處境和他們覺得如何。千真萬確的是，為了有效教練或幫助任何人，我們需要了解對方的**感受**（feeling）和**想法**（thinking）。悲哀的是，對方在想什麼常是假定而來，尤其是來自專業助人角色中的人。

這是中心挑戰。身為教練或助人者，我們實際上總**是**比較有經驗，可能比較有知識。但我們的錯誤在於，認為並常常假設自己能看出此人該怎麼做，才會過更好的日子、更有產能，或是學到更多。在艾隆的故事裏，這就是教育者掉入的陷阱。試著**解決**艾隆的處境和他的父母對兒子的觀感，造成觸發巴奈家的負向回應，而將這些遭遇體驗視為對兒子的負向評價，以及把他們**應該**做的事強加到身上。而且當然的是，他們甚至不確定自己認同所提議的行動。對他們而言，整場對話就是我們所稱的**負向情緒吸子時刻**（NEA moment），受到觸發的負向情緒吸子使他們高度警戒，並阻礙他們以有產能的方式回應的能力（起碼是在當下）。

在本章裏，我們會看到要怎麼問對問題，以創造出能通往可長可久改變的轉折點，以及聚焦於錯的事會怎麼從本質上阻礙改變。我們會探討要怎麼引動正向情緒吸子（PEA）盡量擴大成長，以及正向可以如何在個人身上變得遭到阻礙，有時候則是來自試著幫助他們的人。我們也會列舉特定的方式啟動正向情緒，使助人者和受助者都保持在對成長與可長可久的改變接納的狀態。最後，各位在章末會發現的演練是逐時追蹤情緒，以及尋找與正向情緒吸子和負向情緒吸子有關的模式。

喚起正向情緒吸子

教練提問發人省思的問題（「你在自己的畫裏看到的是什麼？」「在你的人生中，對你重要的是什麼？」），可能會喚醒人的正向情緒吸子，啟動大腦中觸發荷爾蒙的部分——與像是敬畏、喜悅、感恩和好奇等情緒相關的**副交感神經系統**（parasympathetic nervous system，PNS）。問錯問題（像是畫中的飛機「應該」要長得像怎樣，或「必須如此這般」才會獲得升遷）會激發人的負向情緒吸子，啟動不同的大腦網路，而且所觸發的荷爾蒙會啟動**交感神經系統**（sympathetic nervous system，SNS），是關於非戰即逃的人類回應相關的恐懼和焦慮。事實上，研究說明了僅只是預期負向的事件（例如思考你「應當」要做什麼），就可能會激發負向情緒吸子！

因此不足為奇的是，問對問題讓人抱持開放態度面對人生中的各種可能，包括可長可久的改變在內。然而，很多的教練或助人者都無法做到這一點。他們使用追求服從的教練法，方式就如我們在艾隆的故事裏和本書中的其他地方所描述的那般。

當我們以同理心教練法助人改變時，一開始會請對方為勾勒自身**理想的自我**或願景，如此一來，他會定錨在正向情緒吸子上，鼓勵開放與創意，並產生改變所能帶來的興奮體驗。如我們在第三章所學到，本章則會更詳細說明，正向情緒吸子在本質上就是當成轉折點，幫助人在意向改變的模型中，沿著五項探索一步接著一步走，最終通往持續渴望的改變。

在艾隆的案例中，「專家」提問都不是為了理解艾隆在畫畫時的想法。於是他的體驗就遭到誤解，並不是因為他沒有溝通或做得不恰當，而是因為教育者沒有想到從**他的**視角問他簡單的問題。類似的是，教練和助人者經常滿腦子都是自認對方「應該」要做什麼，淪入追求服從的教練法。想想看，醫生苦勸病患戒菸、主管建議員工學習，都需要一定的技巧。就連出於善意都會失敗，因為它會激發對方的戒心和義務感，亦即「應當」的我。

在教育的場域中，像是艾隆的教室，稱為聚焦於教導（老師和行政人員有什麼話要說）多於學習（學生實際上在學習什麼）。[1] 在這樣的場域中，教育定調為專家體系，老師和行政人員懂得較多的是流程，而不是學生或家長。在歷史上，這對教育並不管用，而且如同我們在本書中所斷言，它對任何的教練處境都沒有幫助。[2]

當然，這並不意謂著身為教練，我們必須抹去自知對我們試著要幫助的人或許有益的事。但它的確意謂著，我們需要實行情緒的自我控管。[3] 換句話說，身為教練，你能不能克制自己的建言，以探索你試著要幫助的人在想什麼？

假如問的是太過常見的家長式提問「你到底在想什麼？」或另一個常見的問題「你為什麼不像班上其他小朋友那樣畫？」約瑟夫・巴奈就沒機會聽到艾隆在畫中的意圖了。在問這些問題時，意圖經常要他人捍衛自己或自己的行為。這樣的問題自然立刻使人心生戒備和負向情緒吸子，對接受端的人引發壓力反應。

但問另一類問題，就能引導對方進入正向情緒吸子和心胸較為開放的狀態，尤其是開放式問題。在管理研究的圈子裏，這類的正向或開放式問題稱為**向外心態**（outward mindset），對比的是**向內心態**（inward mindset）。向外心態會帶你到自身以外。如此一來，擔心自己的麻煩就能略得緩解。除此之外，它還會增進你審視周遭人際環境的能力。另一種說法是，連對受教練或幫助的人而言，大舉聚焦在他人身上有助於帶來的改變都比大舉聚焦在自己身上要多。在第五章裏，我們會解釋這點的神經學基礎。

《助人的藝術》（*Helping*）作者、麻省理工學院（ＭＩＴ）榮譽教授艾德・夏恩（Edgar

H・Schein，按：另譯為埃德加・沙因）領導該領域超過六十年，他將不帶內隱渴望答案的問題，稱為「謙遜提問」（humble inquiry）。[4] 夏恩把所有形式的助人，視為彼此類似，並在任何正式或非正式的助人處境中，和對交流有意識或無意識的期待上，都要注意既有的情境差異。他說，助人的目標有部分是要幫助對方重拾一些局面，以帶給他信心並「為雙方盡可能多提供資料」。他的一個原則是，「你所說或所做的每件事，都是以介入的方式研判關係的未來」。最好的關係就是既公正又充滿互信。夏恩認為，假如著墨於謙遜提問，不帶預設的答案提問，我們就會從別人身上學到更多，並鼓勵他們多對本身自我探究和掌握學習過程。在我們的語言中，這樣的提問會比別的問法更有可能幫助某人喚起正向情緒吸子。

我們其中一人近來去某中型製造公司看了訓練學程的交流。在討論教練演練的期間，一位高潛力主管說：「我們不習慣問他人的感受。」不管是因為它看似太私人還是濫情，這樣的公司文化忽略了人在動機、觸動和心情上的情緒驅動力。公司領導者忽略我們在第二章所討論過情緒感染的危險，「領導者和主管在沒有了解或應對後果之下，就把心情和感受傳染給他人」。

回想一下凱兒・史瓦茲的故事（第一章），老師請學生回應「但願老師知道……」的陳述。[5] 在問對問題上，這是很棒的例子。從學生的回應中（例如「但願老師知道，我和家人住在收容所。」），史瓦茲得知了他們在教室外正在應對什麼，而有助於她了解要怎麼教他們最好。對學生而言，他們則了解到老師關懷他們的生活和感受，而使他們以正向的心境學習。

為何聚焦在錯的事情？

不像我們問對了問題，就會開啟正向的學習，當我們在互動中聚焦在錯的事情上，人往往就會關機。本書的一位作者（理查）就有過這樣的經驗：

> 我在家中書房寫研究論文時，內人走進來了。她走向面街的窗戶，問我有沒有看到瓦斯公司運來鋪設新管路的大型鏟土機。我在電腦螢幕前沒有轉頭，以有點惱火的口吻說：「什麼？」我太太以平靜的口吻回應：「這樣不是很好。」我咆哮：「我正在寫情緒智力（EQ）的論文，我沒時間管它！」我太太驚訝地盯著我。此刻，我往後靠著椅子並笑了，意會到她已經知道的事，因為我剛才板著臉對她所說的話實在很荒謬。

在跟另一半互動時，理查很清楚是聚焦在錯的事情上。假如他不能在自己的生活中實踐這些能力，怎麼能指望把情緒智力傳達給讀者？這是典型的注意力問題。[6] 我們需要聚焦搞定事情或分析處境，但在對一件事聚焦時，我們就會擋住覺察或是看到其他事物的能力，往北看表示我們或許不會看到鳥往南飛。聚焦於公司的內部生產效率，我們或許就不會看到競爭對手所推出的新產品威脅到我們的主力產品線。聚焦於處理更多的電郵，我們或許就不會看到女兒不舒服需要擁抱。

當這樣的聚焦成為我們一般的行為時，它就會變成習慣，而習慣就難以打破或戒除。排除抽菸、喝咖啡或在下班後喝幾瓶啤酒這類的生化成癮，只對聚焦在某些面向（像是工作或成癮）而排除其他（像是健康、配偶或子女），往往限縮我們的視野。對於在特定處境中，我們會在本質上變得盲目，分不清什麼實際上或許才是最有所謂。

教練就像是任何形式的助人，也是聚焦來追求。但我們所倡導的是，教練要聚焦在**對方**（the other person）身上（在管理的情境稱為「部屬」，以教育的情境來說則是「學習者」），而不是某個外部議程（強調「指導」或「教學」本身）。因此最好的教練是靠著引導焦點幫助人，幫助對方留意自己感覺到什麼，以及留意周遭的人和原本或許對處境所遺漏的面向。這種聚焦有助於他進入正向情緒吸子的體驗或狀態，我們對於新觀念、其他人、道德疑慮會比較開放的神經、荷爾蒙和情緒狀態，並能審視環境留意形態或論題。假如我們要學習或適應新的行為與行動，這樣的開放似乎不可或缺。

然而，如同我們在前述，當人們試著幫助或教練某人時，最常見的方式正好相反，我們天天都在任職的組織裏看到這件事情。由於大部分的組織文化往往過度強調分析，所以在這些公司，人的大腦是持續在負向情緒吸子的時刻中運轉，造成認知、知覺和情緒的受損。

在我們的例子中，理查的情況就是如此。正在寫論文的他，根本沒有留意到另一半進來書房。他的眼睛、耳朵和每個感官都專注在電腦的字詞。同時，他則在預期學術審查員的批評，並試著搞清楚要怎麼避免或盡量減少他們的砲火。然而他也很興奮的是，自己和研究夥伴揭露了情緒智力是怎麼影響工程師的成效。[7]這一切在理查的腦海裏翻攪，增進他聚焦在電腦螢幕，分散他留意到現場其他任何事物的能力。以現實上來說，理查在當下發生知覺障礙，無法與摯愛的人正向互動。而且由於他顯然身處負向情緒吸子的狀態，所以他可能會比較沒創意，無法用一般的認知能力編輯研究論文。

另一種形式的焦點錯誤是，運用同情心而非同理心，也就是感同身受，為對方感到難過，而不是試著了解他們。我們會在第七章討論，同理心的形式有好幾種。所謂以同理心行事，唯一要件是設身處地。十九世紀的探險家大衛・李文斯頓（David Livingstone）曾受人引述說：「同情心不是行動的代用品。」過度同情一個人，或許會讓對方更負面，導致聚焦在他的問題，而不是他擁有改變現況的可能。[8]

啟動正向情緒吸子

隨著某人聚焦在所幫助的人身上，你會需要提問挖掘他所思考和感受到的是什麼。在對的時候問對問題可以帶來巨大的改觀，如以下的對話所示。

以社會的標準來看，達里爾・葛萊遜（Darryl Gresham）相當出色。他的工作是自己所愛，在中型公司擔任資訊科技副總裁。他和女兒的關係自在而溫馨，並由他在財務上支持她的大學和研究所教育。雖然達里爾有女友，但他跟前妻的關係友好。他活躍於全國組織守約者（Promise Keepers）和地方教會。比起大部分的兒時友人，他實現了夢想。他是在克里夫蘭的貧民區長大成人，那裏並沒有多少校友是產業的副總裁，起碼是在黑人民族主義和黑豹黨（Black Panther）組織下存活下來的人。

來到覺得有點浮動的人生階段，達里爾報名了領導課程。課程之一是跟教練會面，以討論他的未來志向和對他的情緒智力行為三百六十度評估的結果，並把它全部轉換成往後五至十年詳細的學習計畫。[9] 各高階主管課程一開始，都寫了個人願景的短文，並在會面討論前由教練審視。

達里爾的教練發現，他的短文造成了挑戰。達里爾並沒有依規定論述人生的全盤面向（個人關係、家庭、社區、精神與身體健康，以及工作），而是把整篇短文聚焦在家庭和社區上。在這個學程中，平步青雲的高階主管絲毫沒有提及工作和未來是高度不尋常。教練寄了電郵給達里爾，開玩笑地問他是不是有賺大錢的信託基金。但在私底下，教練猜想是有事拖累了達里爾探究渴望的職涯未來。也許他覺得卡關或遇到中年危機，對工作失去職涯早期的怦然心動。

他們見面時，教練請達里爾描述夢想和對工作的願景。達里爾所回應的卻是茫然的凝視，於是教練問他對渴望未來的近期願景。沉默許久之後，達里爾聳聳肩。接著教練回憶起特定的演練，以對方的夢想與願景刺激深思。「假如你中了樂透，好比說八千萬美元，」他問，「它會怎麼影響你的工作或生活？」

達里爾輕易回答了這個問題。他說會撥出一部分讓女兒念完大學和研究所，並為前妻設立基金。

「你在工作上會怎麼做？」教練問。

達里爾無所遲疑：「我會開貨車跑遍全國。」在二十多歲時，達里爾在道路包裹系統（Roadway Package Systems）工作過，因此喜愛開貨車跑遍全國。

從教練的視角來看，達里爾似乎是描述逃離的幻想多過現實的夢想。他確定自己還沒有啟動達里爾的正向情緒吸子，把他帶向開放的正向狀態，並將渴望的未來具象化。但後來變得很清楚，事實上達里爾確實想要逃離工作，因為他的這個人生面向變得平凡又乏味。再者，他在工作上體驗到的種族歧視，是永久的負擔，這件事對教練難以啟齒。

隨著在這堂教練課上與達里爾配合，教練嘗試幾種特定演練。他請達里爾描述「遺願清單」和「夢幻工作」時，都換來他一臉茫然，教練很肯定達里爾身在負向情緒吸子的地盤，他卡住了。

教練決定從不同的角度來帶入主題。「我們來作夢，」教練說，「你剛剛過了很棒的一週，你回家給自己倒一杯並坐下來。你的臉上帶著笑容，你覺得自己在過去這週做了重要又美好的工作。」教練停了半拍，讓達里爾進入冥想。教練看得出來，他的表情放鬆了。

教練問道：「你做了什麼這麼暢快的事？」

達里爾並沒有心跳加速：「在內城教導高中的孩子電腦，那是可以是變得自由的媒介。」突然之間，達里爾表情變了。他的眼神發亮、身體前傾，講話速度比教練幾個月來所聽到的都快。現在，他處在正向情緒吸子的地盤，出現夢想中清楚而完整的畫面。興奮之情感染教練，他看出並感覺到，達里爾剛剛頓悟了，開啟了可能。他談到自己如何在晚上或週末指導當地高中的工作坊，他談到在當地的公司為高中生安排資訊科技的實習。它彷彿是水壩打開閘門，點子如洩洪般源源不絕。他對職涯和未來的畫面從「我就這樣過了一生」，變成「哇，我等不及要開始了！」對於自己可以是怎樣和做什麼，此時達里爾有了夢想。他甚至有了一些好點子是，該怎麼做到。

但接著就像是火遭到水柱澆熄，他的神色再度暗沉，而且他說：「可是我不能這麼做。」教練問：「為什麼？」達里爾回答，他賺來的錢要提供女兒、前妻和他現有的生活，他甚至為了感覺到如此而道歉。

教練問他為什麼認為它是「非有即無」之舉，達里爾表情驚訝地轉過頭來。教練說：「你不必放棄正職來做這份工作，要不要兼差來做？一個月一天，或是一個星期一天？你想你可以在念過的同一所高中開設工作坊，而且照樣履行目前所有的職責嗎？」

達里爾帶著希望的表情回來了。他笑著說：「當然行！」他又花了十五分鐘為帶入夢想的不同方式腦力激盪。

幾個月後，達里爾致電教練說，他受聘在當地的社區大學教資訊科技課，他很雀躍有機會能在工作之餘做這件事情。後來在跟教練溝通時，他描述到好幾項舉動，包括找了離家鄉較近的職務幫忙照顧生病的母親。新職務是做購併，但他做得很上手。幾年後，他受到提拔去做全球物流。

雖然還沒有開始在高中推出工作坊，但為了使夢想保持活力，達里爾會主動指導公司錄取的年輕人。他留意到，其中很多人需要基本的生活技巧，像是管理金錢，於是達里爾在公司籌辦工作坊教導這些生活和工作能力，這全都是在他正職以外但經過公司認可的工作。達里爾表示，另一項有趣的改變是，他的興趣擴展到幫助職場上所有年輕的新人，不管他們的種族或背景，如今，他期盼在當地的社區大學擔任正式教學的師資。

我們來審視這個過程：教練的第一項挑戰是，想辦法把達里爾送入正向情緒吸子的地盤。只要仍然卡在負向情緒吸子之中，達里爾就看不見選項。事實上，他的大腦跟他作對，戒備並為他擋住潛在的有害想法或夢想。可是等教練想到辦法幫助達里爾啟動正向情緒吸子，它就像是認知和情緒的混凝土水壩爆發。達里爾準備好，熱切推展人生的所有面向。進入正向情緒吸子的地盤，並感受到可行、有幫助的方式築夢踏實，以他的才華構思怎麼走到那裏會是最好。

這就是教練怎麼用各式各樣的方式引動正向情緒吸子，最後對達里爾在當下人生管用的那種靈光乍現。最重要的是，教練必須克制「糾正」達里爾的渴望，而這有賴於耐心與謙遜，有時候則是默默等待達里爾分享想法（在提出最好的問題引動正向情緒吸子，我們在第七章會有更詳細的討論）。這就是教練怎麼幫忙創造出轉折點，讓達里爾從負向情緒吸子狀態到開放的正向情緒吸子狀態。等達里爾辨認出自己的步驟，他就會感受到熱情，並覺得放鬆、安穩、開放，甚至是好奇。他可以嘗試這些步驟分析可行性。他可以進出負向情緒吸子，但是由本身掌控，因為他有引導的願景。換句話說，在能開始擬訂計畫前，達里爾需要勾勒自己的夢想。

如此一來，正向情緒吸子就是你對他人和新觀念覺得開放的體驗，但也是轉折點。它能引動改變過程的新階段或增進覺察的新步驟。嚴格來說，轉折點是相變，像是冰從固態化為水流的液態，冰塊開始融化的溫度就是轉折點。

可惜的是，當一個人試著幫助另一人時，它並非向來都是照這樣發生。

當助人改變者阻礙了正向改變

教練對話展開時，受助者常會遇到挫折的狀態，因此或許要花一些時間，發洩或表達無力感，如我們在達里爾・葛萊遜的身上所見。在這些情況下，重要的是，教練要表達同理心，對方才會知道自己受到支持。但很多訓練課程中，擔任助人角色的教練都教得太過頭，成為對方的感受轉為負向情緒吸子的**推手**。容許某人耽溺在負向情緒吸子裏，並不是在幫助或支持她。反而會開始覺得比較緊繃，並變得認知受損，對改變和學習的新觀念比較不開放。

以擴大中的公共政策問題為例，肥胖及相關的胰島素抗性和第二型糖尿病。假如你曾經因為體態而困擾，我們確信你試過節食，或許試過好幾次。對大部分的人而言，因為節食而減重會帶來喜悅，但接著在往後的幾個月或幾年就會復胖。為什麼？因為節食的好處大部分都很短暫。假如你嘗試減重，研究說明了你所減掉的任何重量很可能都無以維持。困境在於，「減重」是負向定調的目標。試著限制或改變吃什麼和吃多少，有賴於許多自我管理，負向情緒吸子會受到啟動而造成壓力反應。[10] 無論重覆多少遍「我需要這麼做」，堅守計畫所需要的努力都難以維持。

在探尋改變的行為時，醫護常常幫助不大。他們很容易受意向所害，而貿然試著告訴某人該怎麼做。這會使所招來的負向情緒吸子多過正向情緒吸子，使助人改變者成為不當行為的推手。假如醫生曾告訴你說，你的狀況有賴於行為上的改變，你離開診間時很可能有所疑慮，也許是受挫又擔心。第二型糖尿病在美國和世界各地的治療遵從醫囑率約為五成。[11] 這意謂著對於醫護告知當事者要做的事，會做到的人僅約為半數。是說，人怎麼可以這麼蠢？

負向情緒吸子是元凶。一旦處在負向情緒吸子，你就是在為關閉的心理狀態付出努力。身體想要自我防衛，你想說：「夠了！我需要那個甜甜圈！」當下你並不需要甜甜圈，為了開啟改變或學習過程，你反要進入正向情緒吸子。這很難靠自己做到。這就是為什麼最稱職的教練會學習方法，助人進入正向情緒吸子，讓他們感受希望並展開改變的過程。二位優秀的醫生傑若・古柏曼（Jerome Groopman）和葛文德（Atul Gawande）寫過希望在醫療場域中的角色。連在緩和照護的處境中都能有希望，不一定是奇蹟般痊癒，而是病患在僅剩的生命中，還能維持他們希望的生活品質。[12]

如何喚醒正向情緒吸子

如我們在達里爾・葛萊遜的例子中所見，教練和像是主管、父母和老師的他人，可以用若干方法，幫助另一個人體驗到希望感，進而帶動正向情緒吸子的轉折點。其中包括詢問對方他的夢想與願景、運用同理心、情緒感染、練習正念、抱持玩心、走進大自然和發展共鳴關係。

夢想與個人願景

要喚起正向情緒吸子的第一個辦法是，幫助人對未來覺得有希望。你可以靠詢問人的夢想與個人願景做到這點。功能性磁振造影的研究說明了，花三十分鐘詢問對方的願景或夢想，就會觸發大腦中，與想像新事物相關的區塊和偏重副交感神經系統的正向活動（如同前述，副交感神經系統是跟情緒相關，像是敬畏、喜悅、感恩、好奇）。[13]

研究聚焦：壓力的影響

研究說明了，壓力反應會啟動交感神經系統（SNS）。[14]不管壓力是否溫和或激烈，這都為真。在面臨壓力時，身體會分泌劑量可當成血管收縮劑的腎上腺素和正腎上腺素（adrenaline/noradrenaline）。這會把血液從末梢的微血管和末端送往求生所需的大肌肉群（腎上腺素到手臂；正腎上腺素到腿）。結果就是脈搏率和血壓上升，以及呼吸變快與變淺。你也會分泌皮質類固醇，最終皮質醇進入血流。除了是天然的消炎藥，皮質醇還會降低免疫系統的作用和抑制神經新生。慢性、惱人的壓力（像是在挑剔或惡毒的老闆手下工作），會造成身體啟動和準備防衛，但也會導致認知、觀感和情緒受損。

對照之下，研究說明副交感神經系統（PNS）會啟動復原的過程，包括刺激迷走神經和分泌催產素（以女性為主）與血管加壓素（以男性為主）。在這個劑量上，這些就是血管擴張劑，它會啟動血流；結果就是你會覺得比較暖和，血壓和脈搏率下降，呼吸放緩與變深。免疫系統開到最強，導致缺乏這樣規律和週期的復原體驗，慢性壓力就會影響你的表現。

運用同理心

在刺激正向情緒吸子上，另一項有威力的體驗是，接收到或表達對另一人的同理心或關懷。幫助較為不幸或貧困的他人，可以讓我們體驗到這點。對他人如何幫助過我們覺得感恩，也可以讓我們感受到同理心。如我們在第二章所討論，回想在人生中幫助過你的人，會啟動感恩與正向情緒吸子。與他人談論這些關係則會使正向情緒吸子的體驗更強烈。要在日常生活中維繫同理心，處在慈愛的關係裏是另一種有威力的方式。刺激同理心會容許我們關懷他人。對於另一個人的體驗，關懷的舉動會把我們帶出本身的世界觀。這是超越了同理心，而想要為對方付出。眾人常說，自己會在感受到別人關懷時回報感受，並回頭給予對方關懷。

在觸發同理心上，最早記載的方式之一是養寵物，像是狗、貓、馬或猴子（魚或鳥似乎並非同樣管用）。撫摸或寵愛牠們就能觸發你的正向情緒吸子。[15] 這實際上是始於刺激寵物身上的正向情緒吸子，而且由於情緒感染是在無意識的程度，所以它很快就會擴散到你這個撫摸的人身上，然後以正向的回饋迴路回到寵物身上，以此類推。

理查・博雅齊斯和安妮・瑪琪較早期的著作《共鳴領導學》（*Resonant Leadership*）講過馬克・史考特（Mark Scott）的故事，抵押銀行的年輕高階主管想要幫助母校喬治亞大學

（University of Georgia）的知名美式足球隊。[16] 他找萊特（Richt）教練，點子是請他們為仁人家園（Habitat for Humanity）的貧困家庭蓋房子。它管用到令人驚喜。球隊一下就決定每年要蓋一、二間，點子則擴散到喬治亞大學的其他運動隊伍，甚至是當地的其他學校。好處不單是公關活動，也不只是場外的「團隊建立」，更是讓球員有機會做有益他人的事。這樣透過同理心體驗正向情緒吸子，幫助了大學球員走到自身以外並聚焦於其他人，不是隊友、不是對手，而是在家園工程那天之前所不認識的鎮上家庭。

情緒感染

我們的大腦天生就會讀取周遭他人的情緒。但察覺到負向情緒或許會刺激交感神經系統而使人轉為戒備。除了自閉症類群障礙的人以外，這點對所有的人類都為真。人或許會發展出技術對訊息充耳不聞，如理查在太太講到院子裏的鏟土機時所為。但線路還是在那。

在察覺他人的深刻感受上，令人詫異的面向並不是我們全都有某種形式以往所謂的心電感應能力，而是它發生得有多快。心理學家約瑟夫・李竇（Joseph LeDoux）記載說，威脅的訊息約八毫秒就會從我們的五官傳到杏仁核。[17] 這是八千分之一秒。這遠短於一般認為約為五百毫秒或半秒的意識或有意識認知。[18] 在進入任何希望幫助他人的處境前，覺察到本身的情緒並把它顧好對教練會這麼重要，這是一個原因。情緒感染是真實的現象！

馬克・史考特是運用正向的情緒感染幫助球隊建立目的與關懷感。教練或助人改變者是一直都在做，但教練本身的感受，或許傳達和意向不同的感覺。假如教練還在為跟另一半的爭論而煩心，負向的情緒或許就會傳染給受教練的人，不管他們是在討論什麼。

正念

正向情緒吸子的另一個方法是透過正念，感受和覺察自己、周遭的人和自然環境，它是聚焦於整體的情境。數十年前，對於處理壓力的建言是「聞一聞花香」。如今，工作過勞的人或許會練習冥想、禱告或做瑜珈，或規律重覆鍛鍊身體，像是跑步。關鍵在於，要用這些技術**專注於自己**（center onself），以觸動正向情緒吸子（有趣的旁注是，禱告是管用，但是，禱告是出於慈愛的而非心存報復[19]）。守著魚缸或許會引動正向情緒吸子，亦即花一點時間觀賞游來游去的魚，或許可以容許你創造出冥想的狀態。

玩心

幾年前，我們看到為數在增加的研究說明了，玩心、喜悅和笑容會引動副交感神經系統，並擴展到正向情緒吸子。我們的朋友法比歐・薩拉（Fabio Sala）則在他的博士論文中說明，最可能產生這種正向效果的幽默形式就是自嘲的幽默，而不是取笑他人的那種。[20]例如想想你跟朋友或家人聚會並一起享受笑容的時候。離開聚會時，你會覺得怎麼樣？

我們猜想，玩心會管用，是因為它提醒我們的謙卑和脆弱，降低威脅的強度。靠著自嘲、一笑置之，我們就會使它看似比較不嚴重。刺激正向情緒吸子或許能讓我們看到整體的情境或更大的局面，而不會聚焦在負向的片刻。

走進大自然

在刺激副交感神經系統（和因此引來的正向情緒吸子）上，最近期所增添的活動是走進大自然，也許是因為它會刺激正念。[21]走進樹林的舉動（假定我們沒有在發簡訊或查看電郵）會擴大我們對周遭世界的觀感和察覺，像是大自然、動物、天氣，會使覺察圈擴大。

共鳴的助人或教練關係

除了渴望幫助另一個人會帶進正向情緒吸子，會招來或引動正向情緒吸子的行動，也是以有共鳴、更有效和歷久不衰的關係為特徵的那些。這告訴了我們，在教練或助人改變者和受教練者之間，關係的特質才是關鍵。與教練配合不像是在稅務上請會計師幫忙，而是有賴於雙方覺得安穩和對於任何可能抱持開放的心態。

我們發現，在幫助他人變得有動機、學習和改變上，關係的三種特質會產生這種歷久不衰的衝擊：共享願景、共享愛心和共享關係能量。我們的好友兼同事凱爾・羅契福鑽研了關係的種種特質，並發現這三項對關係中的雙方（或是團隊中所有的人或組織中大部分的人）不可或缺。[22]願景給我們希望；同理心給我們受到關懷和關懷他人的感受，關係能量給我們毅力與韌性（也就是膽量）。

在聚焦於試著助人時，雖然啟動正向情緒吸子（PEA）看似違反直覺，但在啟動對方學習和改變的動機上，它卻是最有效的方式。在第五章，我們將深入探討正向情緒吸子和負向情緒吸子在大腦中扮演的角色。此外，也會分享針對正向情緒吸子對比負向情緒吸子進行教練的背後，我們在神經科學研究上的見解。也會分享喚起某人的正向情緒吸子之後，究竟會發生什麼事，出現在對方身上的事情，或是教練或助人改變者需要注意哪些跡象。平衡會在此成為課題，一邊是人類的求生本能，一邊是人類的渴望。

第四章學習重點

一、詢問某人正向的問題，會喚醒正向情緒吸子，在大腦中啟動特定的網路觸發**副交感神經系統**的荷爾蒙（復原）。提出負向的問題或是誘發戒心回應的問題，則會激發負向情緒吸子，在大腦中啟動不同的網路，而觸發**交感神經系統**的荷爾蒙（壓力反應）。

二、正向情緒吸子既是對新觀念抱持開放的狀態，在持續、渴望的改變上也是過程的轉折點。同理心教練法（也就是針對喚起正向情緒吸子進行教練）則是在二種目的上都符合。

三、正向情緒吸子是在副交感神經系統中激發，會覺得正向和有希望。負向情緒吸子是在交感神經系統中激發，會覺得負向和戒心或恐懼。

四、情緒會感染，正向和負向情緒都會。感染是以很快的速度擴散（常是以毫秒計），遠短於有意識的覺察。

思考和應用練習

在下週的歷程中觀察並記錄本身的情緒，每天約三次（理想上是早、午、晚）。要說明的是，記下你在那個特有的時間是在做什麼，以及在當下覺得如何。避免列出細目，而要聚焦在你的情緒狀態。你覺得開心、生氣、難過、興奮，還是其他？或許你是不是對自己在當下的情緒狀態覺得不確定？來到當週的尾聲，你所記下的情緒狀態理想上會記錄到二十條左右。分析這些條目尋找所浮現的形態。在正向對負向情緒的比率上，你留意到了什麼？

對話指南

一、與他人討論，你是否發現自己受到負向情緒左右，多於正向情緒？你是否有時候會感受到跟負向情緒脫不了干係的內心戲所造成的重擔？你能不能克服它？怎樣會有幫助？

二、與他人分享，在你的社交、專業和組織生活中，你處在情緒正向狀態的時間是多少。處在情緒負向狀態的時間呢？

三、列舉對他人的觀察是，你發現自己能把別人從情緒負向狀態帶入情緒正向狀態。假如能，你是怎麼達成這點？或者你做的是不是相反，把他帶入了負向狀態？

四、與他人討論你在人生中最有壓力的情況下，你和周遭那些人的關係是什麼性質？不管是在工作上、家裏還是閒暇時。你是不是有過把工作帶回家，要不然就是把家中的壓力和情緒帶到職場上的時候？

五、與他人分享，你所做的特有事項或所秉持的價值，是讓你覺得有助於為生活減輕壓力。

六、向他人描述你在過去或當前最以任務為導向的時候。亦即要回想的處境是，你的想法是受到解決問題、下決定和「試著搞定事情」所支配。在那些時候，他人是否曾抱怨你的行為？回頭來看這些時刻，你有沒有因為以任務為焦點而錯過任何事，或是並未樂在其中？

第五章

求生與壯大

腦中之爭

求生（live）意謂著能活著發揮功能與工作。它並非簡單的生物過程。求生有情緒、甚至是精神面。在最初始的意義上，求生意謂著身體繼續發揮功能與自我維繫——呼吸、吃、睡等等。我們又挺過一天了！大部分的人都會認同，它似乎像是晦暗的生活方式和乏味、甚至是消沉的工作方式（當然，它好過不可得）。而且在某些教練處境中，我們的確必須從簡單的求生開始，如我們會在本章後段所闡明。

但在人類大部分的處境中，我們都企求不單是求生，還要壯大。關於正向情緒吸子和負向情緒吸子，我們**二者**（both）都需要。另一方面，蛇是大幅依賴負向情緒吸子求生，同時我們猜想，正向情緒吸子在牠們的生活中只扮演微不足道的角色。[1] 但人有所不同。我們需要激發正向情緒吸子，覺得有動機成長或改變、放鬆和玩樂。我們在第四章時討論過，正向情緒吸子使我們茁壯，靠的是啟動舒緩壓力的荷爾蒙，產生安穩、希望甚至喜悅的感覺。而我們也需要負向情緒吸子，因為它有助於我們求生，靠的是啟動壓力反應的荷爾蒙（戰鬥、快逃或戒心）。負向情緒吸子也有助於我們在認知和情緒上強化焦點，容許我們以敏銳的戒心執行任務。身為教練、主管或各種助人改變者，當我們試著助人時，會引導他們兼顧正向情緒吸子和負向情緒吸子，並在生活與工作的當下，為正向情緒吸子和負向情緒吸子找到最好的平衡。

最有效的平衡會逐時並視處境而改變，所以教練、主管或老師對於人在環境與體驗上的改變應該要逐時監控。兩難的是，人一旦在負向情緒吸子裏，或許就不會「看到」出路，因此覺得卡住。這會進一步阻滯移入正向情緒吸子和任何自我帶動的轉折點。在激勵改變、學習和發展上，教練或助人改變者又是變得要緊，意謂著要幫助受教練者學習在正向情緒吸子和負向情緒吸子之間來回移動，同時以停留在正向情緒吸子上為主。

在本章裏，我們會進一步檢視這樣的來回移動可以怎麼達成平衡，以助人追求持續、渴望的改變。為什麼？因為正向情緒吸子**既是**幫助某人藉由意向改變理論落實改變的關鍵，**也是**人對新觀念、其他人和情緒抱持開放的身心狀態。本章也會深入探討佐證這些觀念的大腦科學，包括在針對正向情緒吸子對比負向情緒吸子進行教練的背後，我們在神經科學研究上的見解。此外，也探討引動某人的正向情緒吸子後會發生什麼事，像是對於接下來浮現在人身上的事，教練或助人改變者需要注意動向，並幫助他前進。平衡在此會成為課題，一邊是人類的求生本能，一邊是人類對壯大自己的渴望。

教練求生

有時候在幫助某人時，我們或許需要從簡單的求生開始（負向情緒吸子），像是個人有病況或受傷而使醫療照顧情有可原，卻閃避得到所需要的幫助時。要檢視底下的成因，或是幫助他以長期願景的整體情境看待它，或許會沒有時間。他現在就需要幫助。但連教練某人求生都有賴於某種正向情緒吸子。[2]想想看。連在人體驗到症狀或身體受傷時，假如教練把得到醫療照顧的任務為他定調為**必須或應該**（must or should）做的事，它或許都會適得其反。這就是追求服從的教練法，我們說明過會引動負向情緒吸子，而且對沒有及時得到醫療照顧的人而言，或許會觸發身體上其他的問題。這就是為什麼即使起初需要負向情緒吸子，卻必須以某種正向情緒吸子平衡，好讓人鼓舞和有動機，或是在這個例子中以用藥或復健提高痊癒的機率。[3]

以鮑伯・謝佛（Bob Shaffer）發現自己的處境為例，[4]鮑伯的工作是五三銀行的首席稽核與執行副總裁，有挑戰性又刺激，而且他做得超好。但在報名雇主所推舉的領導學程後，他一下就意會到，自己想要有一些重要的改變。在凱斯西儲的學程中與教練配合，鮑伯思考了他的人生平衡，特別是腦－身－心－靈的平衡，我們對任何復原過程所力主的四個關鍵。[5]鮑伯結論說：「我是全都失衡了。」

來到打大學美式足球並在身體上達到顛峰後的近二十年，鮑伯感受到了職涯要求顯著注意力與長時間的效應。他在工作外的生活也充滿了家庭活動，並集中在太太和三個女兒身上。健身遠遠落後了個人與專業投入，而且他發現自己比理想的體重多了一百磅。他可以感受到這正在怎麼耗盡他的能量，並威脅到他的求生能力，身為高階主管和人都是。雖然這既是健康問題，也是他所面對其他挑戰的症狀，但鮑伯知道來到某一刻，他就必須拿出動機減重，或是冒險讓壽命縮短，並犧牲與摯愛的人相伴的時間與體驗。

這清楚引動了鮑伯的負向情緒吸子也就是求生本能，但教練知道，假如鮑伯要有任何希望來把他知道必須做的改變貫徹到底，她就必須把正向情緒吸子也引動起來。這就是為什麼教練一開始要求鮑伯，針對未來五到十五年的理想生活（與工作）發展願景。如鮑伯所描述，它是自己在職涯中第一次奉命聚焦於「不只是我在職務上的技巧，還有更重要的是，我身為領導者的個人發展。它是我第一次覺得，在職場上談論自己沒關係」。

雖然鮑伯知道，自己想要普遍比較平衡的生活，但他決定從改善身體健康做起。他聽說朋友所找的私人訓練員不錯，隔天致電訓練員。訓練員就像鮑伯的教練，問他想要達成什麼。「我想要跟太太和三個女兒過長久的健康日子，並牽著女兒走紅毯。」他說道並補充：「我想要跑當地的十公里賽。」鮑伯的太太是跑者，而他通常是在比賽的終點線等她。現在他則想要跟她跑比賽。他說：「我還想要當家人的好榜樣。我想要減掉一百磅！」

來到此刻，鮑伯加入了世界各地成千上百萬的他人。在已開發和開發中世界，肥胖增長和第二型糖尿病的證據都蔚為流行。但在鮑伯的案例中，他的求生需求受到了清楚的個人願景和高階主管教練與私人訓練員的支持所引導。這改變了他的預後。鮑伯在隔年陸續達成了一些令人驚喜的里程碑。他一週健身六天。他減掉一百零五磅，並成功和太太完成了十公里慢跑。他的新能量在工作上對員工和同儕不言自明。他是真的換了個人並表現在外。他的首任教練是來自凱斯西儲大學的學程，跟他配合了一年，另一位內部教練則是來自五三銀行的體制內，後來才開始跟他配合，二人都是鮑伯的一大支持來源。如他所說：「以前在高階主管學程後，我從來都沒有追蹤教練。它真正確立了當責……把在工作坊本身裏的興奮和熱情維持下去。」他的教練所強調的觀念是，對改變要有意向，於是鮑伯把意向寫成白紙黑字。「我相信要有個人願景和個人資產負債表，」他說，「而且我會持續去看和精進。」

在引動正向情緒吸子和鮑伯的願景上，可長可久的威力在七年後的現在不證自明：他甩掉了大部分的體重（也就是淨減了八十磅，約三十六公斤），他和太太一起規律健身，而且他繼續一週向訓練員報到三次。鮑伯仍對話起與教練形成見解的時刻，以及發展個人願景在人生中是多令人興奮的轉折點。他在工作上的轉型同樣戲劇化。鮑伯現在是銀行的人資長，他說覺得是與自己的興趣和熱情更契合的職務，而且一旦因應了健康課題，並能為自己構思較為正向、有希望的未來，覺得追求起來是有信心許多的事。他想要把熱忱和所增進的觸動帶進整個銀行。在他的新角色上，他可以把員工而不是服從置於所有活動的中心，而且周遭的那些人回應正向。正向情緒吸子衍生出正向情緒吸子！

帶來有賴於自我管理的改變會造成壓力，常會耗盡內部所蓄積的能量。[6] 但有時候它非做不可。「改變很艱困，而且持續的改變並非向來都是正向的體驗。」我們的朋友兼同事安妮塔・豪爾說。她在教練和研究教練中變得深信，負向情緒吸子對成功轉變與成長很重要。[7]她父親是卓著的牧師暨南方基督教領導者會議（Southern Christian Leadership Conference）華府分會的會長，在推廣美國種族平等的努力上，他的教會是關鍵的集結地。在許多時機，民權運動的領導者都會聚集在全國各地的種種地點討論策略，像是小馬丁・路德・金恩（Martin Luther King Jr.）、拉夫・亞伯納齊（Ralph Abernathy）、安德魯・楊格（Andrew Young）、傑西・傑克森（Jesse Jackson）、菲力普・藍道夫（A. Phillip Randolph）、貝雅・拉斯丁（Bayard Rustin）、約翰・路易士（John Lewis）等人。從大約十三歲起，安妮塔受邀去聽。她還記得對話的感覺；舉例來說，當他們在計畫一九六三年在華府的遊行時。她說：「我所得知的是，這些人在存在上是受困在負向情緒吸子的景象裏，因為在吉姆・克勞（Jim Crow；譯注：對黑人種族隔離）的美國，黑人是身受威脅與危險。但他們卻能應付令人卻步的社會變革任務，因為他們向來、向來都是援引核心價值與信念。相信上帝，相信美國憲法，相信人本，相信所有的孩子都值得更好的世界，而不分種族或族群。這宣告了他們的策略規畫，以及使用非暴力的態度和方法。」所以在安妮塔所見證的會議上，負向情緒吸子固然扮演了關鍵的角色，但她說，讓改變的努力持續下去的情境和力道，卻是由共享願景所提供。

為了更加了解負向情緒吸子和正向情緒吸子是怎麼搭配，我們來看當這些機轉各自受到激發時，大腦實際上會發生什麼事。

腦中之爭

幾年前，數位產業開始談論**心占率**（mindshare）的概念：你為特有事項所花費的腦力、有意識腦力是多少（或占比為何）？軟體、行動應用和電玩遊戲的開發人員當然是想要盡量拉高消費者的心思聚焦在自家產品上的占比。另一種問法則是：你所注意或聚焦的是什麼？他們所著眼的大事在於，使個人能發揮注意的威力聚焦在特有事項上。

接著問題就變成，你有沒有聚焦在對的事項上？這是最好的教練會引導人們自問的事。在這個問題底下的是，有增無減的研究應用是從神經影像和神經科學的角度，了解大腦如何那個「對的」（right）事項。我們的好友兼同事安東尼・傑克（Anthony Jack）在凱斯西儲的腦心意識實驗室（Brain, Mind, Consciousness Lab）率領一組研究人員，進一步記載大腦如何運用二套主導的神經元網路。他目前認為最好的是，將這二套網路稱為分析式網路（analytic network，ＡＮ）（另稱**任務正向網路**〔task positive network〕）和同理式網路（empathic network，ＥＮ）（另稱**預設模式網路**〔default mode network〕）。[8]

這些網路跟我們在正向情緒吸子和負向情緒吸子上已學到的事關係如下：當人的正向情緒吸子受到某種正向的引導或體驗所激發時，同理式網路就會在體驗的開頭啟動。而當他的負向情緒吸子受到負向的回饋或氣餒的體驗所觸發時，在體驗的開頭所啟動的就會是分析式網路。

但這樣的系統還有第三個組件來搭配，我們是在第四章學到：**復原系統**（renewal system，嚴格來說是副交感神經系統）對比**壓力反應**（stress response，嚴格來說是交感神經系統）。這二種狀態最常是相伴而來，所以副交感神經系統通常是跟同理式網路相關，而交感神經系統通常是跟分析式網路相關。不過，它們並非向來都搭在一起。舉例來說，某人可以發現自己在「非戰即逃」的壓力反應中，所體驗到的啟動是同理式大腦（同理式網路）或分析式大腦（分析式網路），端看處境所需的是分析式思考還是同理式思考和感受。同樣地，他可以在激發復原（副交感神經系統）時，體驗到同理式或分析式的啟動。在我們的工作中，我們最關切人內在狀態的特定契合。亦即我們要怎麼才能誘發正向（對比負向）的感受，並同時啟動同理式網路（對比分析式網路），以召喚出自己和他人身上的正向情緒吸子？我們可以從等式的角度思考這些契合：

正向情緒吸子＝同理式網路＋副交感神經系統＋正向感受

負向情緒吸子＝分析式網路＋交感神經系統＋負向感受

以圖解來說，各位可以看到**圖表5－1**就是在描述這點。在圖中，處於正向情緒吸子的

圖表 5-1　意向改變理論中的正向（PEA）和負向情緒吸子（NEA）

引動大腦裏的正向情緒吸子常是三維度的過程：一、誘發正向對比負向的感受；二、啟動同理式網路（EN）對比分析式網路（AN）；三、激發副交感神經系統（PNS）對比交感神經系統（SNS）。

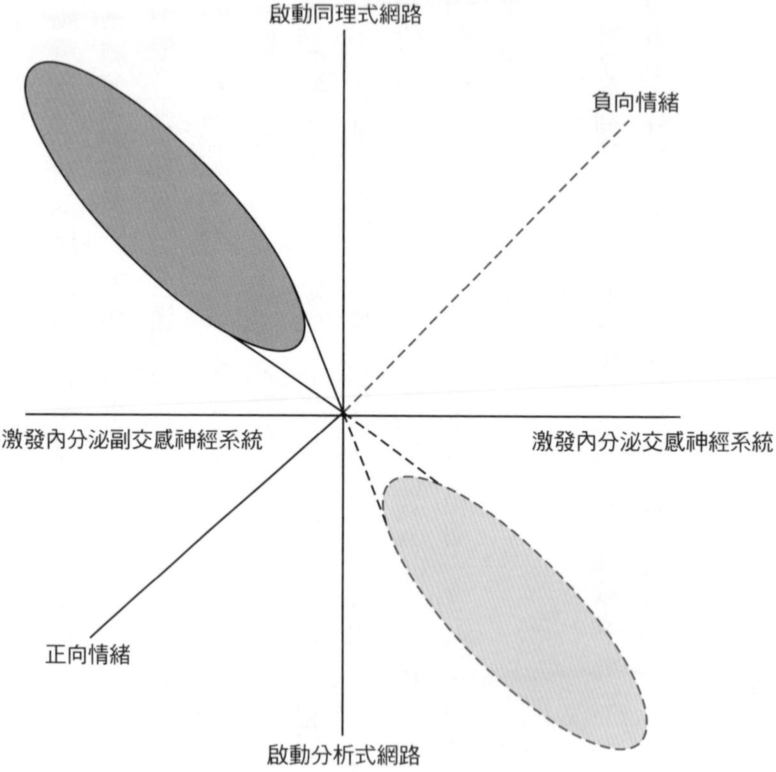

資源來源：說明於 R. E. Boyatzis, K. Rochford, and S. N. Taylor, "The Role of the Positive Emotional Attractor in Vision and Shared Vision: Toward Effective Leadership, Relationships, and Engagement," *Frontiers in Psychology* 6, article 670 (2015), doi:10.3389/fpsyg.2015.00670.

生心理狀態是左上方象限裏的實線橢圓，想像三象限：左上方象限是從頁面伸向你。這個橢圓也是在描述，正向情緒吸子可以有多溫和（接近中央或轉折點）或強烈（朝向橢圓的外緣）。類似的是，處於負向情緒吸子的狀態是在「頁面背後」，並由虛線橢圓顯示在右下方象限。它是在頁面背後遠離你。這個橢圓也是在描述，負向情緒吸子可以有多溫和（接近中央或轉折點）或強烈（朝向橢圓的外緣）。

安東尼・傑克的研究反覆說明，教練要了解的重要事項在於，分析式和同理式的二套網路沒什麼重疊，並且是「敵對」（antagonistic）。[9] 亦即它們會彼此壓制。假如分析式網路基於任何理由啟動，人的同理式網路就會遭到壓制，起碼是在那個特有的時刻，反之亦然。所以在第四章的例子，理查對太太咆哮的尷尬時刻中，他很清楚是在分析式網路裏而壓制了同理式網路（導致他沒有留意到太太進來書房）。

二套網路都扮演了重要的角色，但方式大為不同。我們需要分析式網路以解決問題、分析事情、形成決定和聚焦（也就是限制覺察以將注意力導引到任務或課題上）。另一方面，我們需要同理式網路以對新觀念抱持開放、審時度勢、對他人和情緒以及道德疑慮抱持開放（也就是真正了解他人的視角，而不是以較為分析式的活動判斷對錯）。

例如當天災、心臟病、遭到開除、配偶要求離婚等人生中的負向、震撼時刻來襲時，我們有時候會稱之為「青天霹靂」。[10] 但事實上，這些事比較可能會大舉激發我們的壓力反應，並啟動負向情緒吸子，使我們沒有動機創造改變，甚至會有戒心。如前所述，助人改變者（有些教練，但也有主管、父母、醫生、老師）經常試圖在激勵他人時增添更多的壓力，並提供負向的回饋。在過程中，他們會引發對方的焦慮和壓力，但不會激勵改變或以突破短期糾正的方式學習。

然而，有時青天霹靂會成為讓某些人改變的電擊力道。它會發生在負向的體驗不但震撼，還導致人們盤點自己的價值，並投入有意義和正向的事情時。例如在天災後，你或許就會渴望花更多的時間陪家人。你或許意會到，多回覆三十幾則電郵或多工作幾小時，並不會帶給人生更多的意義。假如體驗引動了那種正向的目的感或提醒了核心價值，青天霹靂就是點亮同理式網路並喚醒正向情緒吸子的時刻，催生對未來的正向願景。

研究聚焦：分析式網路和同理式網路

在安東尼・傑克和同事的文末注釋中，所參考的研究說明了：

一、人在著墨於分析任務，像是財務、工程、資訊科技或物理問題時，大腦會啟動分析式網路（ＡＮ）。分析式網路使人能聚焦、解決問題、形成決定與行動，但它會使人在觀感上對新觀念、未來可能與人，抱持封閉的態度。

二、人在聚焦於同理思考的社會任務，像是幫助另一個人或主動傾聽了解、與他人爭論或向某人求助時，大腦會啟動同理式網路（EN）。同理式網路使人能對新觀念、人和情緒抱持開放，並對他人和道德考量感同身受，但或許會讓人容易「心有旁騖」而比較不會立即準備行動。

三、一般而言，分析式網路和同理式網路是獨立的網路，而且在任何一刻都是彼此壓制。但身為專業人士、主管和領導者，我們對分析式網路和同理式網路都需要用到才會稱職。關鍵是我們要是怎麼在這些網路之間輪轉。在網路間平衡擺盪關乎高智商、健全的心理調整和較高的績效。

要說明的是，二者都對我們的工作與生活行為很重要，但也會彼此壓制。我們相信，稱職的教練或助人改變者會在因應分析式網路和同理式網路間來回。[11] 他們能做得很快，很可能是在剎那間。我們也相信，最好的教練善於將特定的處境，搭配他們希望幫忙啟動人腦中的網路，以能適當因應眼前處境。

例如二者是跟不同的學習風格有關。[12] 在學習過程中偏好抽象概念化的人，最常啟動的或許是分析式網路。[13] 對照之下，所偏好的學習風格為具體體驗的人則是跟啟動同理式網路相關。我們還不知道的是，啟動分析式網路較為頻繁或強烈是導因於訓練、社會化，還是組織的文化或個人的秉性。例如理查和太太之間的片刻，僅是他變得這麼全神貫注在分析任務上的眾多時刻之一，使他等於是對周遭的人視而不見。他歸因於科學家所受的長年訓練，先是航空太空，後是研究心理學家，全都養成了他所說的「書呆子與分析秉性」。

不管是公司還是非營利機構，大部分的組織近來所做的工作似乎都聚焦於啟動分析式網路，因為強調的是預算、解決問題、儀表板、指標和分析。我們觀察到，反覆運用分析式網路和對此在行的人所獲派的分析差事更多了。次文化過不了多久就在部門內發展起來。身在這些群體的人，開始將分析式網路，視為對於任何處境都最有幫助的方法，他們成了分析派。這樣滿腦子都是一套網路的另一面是，在這個案例中就是分析式網路和分析，它在某些組織裏可能會對人造成一種客體化（例如將人稱為「可利用或最大化的人力資產」）。[14]

以神經科學解讀教練行為

凱斯西儲大學的理查・博雅齊斯和安東尼・傑克決定來看看，他們能不能解釋正向情緒吸子對比負向情緒吸子的體驗在教練中的神經機轉。[15] 他們想要看看，教練在對話中引動正向情緒吸子的體驗時，有沒有啟動大腦的各部分和他們認為與較為「開放」有關的網路，藉以對照教練引動負向情緒吸子的體驗。他們找了二位經驗老到的教練，三十五歲左右，要教練大二生（十九到二十歲），研究中的受測者為十男十女。一旦同意參加，大二生就會跟二位教練中的一位有三十分鐘的對話。隔天他們會跟另一位教練對話。一人是用正向情緒吸子的方法進行教練，另一人則是負向情緒吸子的方法。正向情緒吸子由哪位教練來做，取決於亂數表，以避免任何隱性偏誤。類似的是，學生接受正向情緒吸子教練是在負向情緒吸子教練的前還是後，也是取決於亂數表。

在正向情緒吸子教練的期間，對學生問的一個問題是：「假如你的人生在十年後達到完美的理想境界，它會像是怎樣？」然後教練會問一些釐清用的問題。在負向情緒吸子教練的三十分鐘期間，一般則是問四個問題：「你上課上得怎麼樣？你有沒有把功課全部做完？你有沒有將閱讀習題全部做完？講師有沒有給你足夠的時間？」這些並不是非常負向的問題。事實上，很多人表示，它是父母或師長常問的那種問題。但問題歸類為負向情緒吸子是因為，一般來說，它會牽動學生的內疚、失當與挫折感。

在各場教練課後，學生都證實對於做正向情緒吸子教練的人，他們是視為「啟發人心」和「關懷」。對於做負向情緒吸子教練課的教練，他們則是視為讓他們感到「內疚」和「羞愧」。過了三到五天，各學生現身在傑克教練的腦心意識實驗室，並送入大腦掃描機做功能性磁振造影（fMRI，揭露大腦的不同部分是如何受到啟動的方法）。他們的神經活動受到掃描，並揭示在九十六則簡短（八至十二秒）的視訊中。各則視訊都是顯示一位教練提出既有（即為正向情緒吸子、負向情緒吸子）或中立的陳述。例如正向情緒吸子的陳述為「身為凱斯的畢業生，你會有工具能夠正向貢獻所任職的組織」，負向情緒吸子的陳述是「普遍來說，你在凱斯這裏沒什麼時間玩樂」，中立的陳述為「你正在凱斯學習」。

擔任正向情緒吸子課程的教練，在視訊中提出的陳述若為正向（正向情緒吸子），就會啟動學生的大腦中好幾個與同理式網路發揮功能相關的區塊（例如伏隔核、眼窩額葉皮質和後扣帶回皮質）。擔任負向情緒吸子課程的教練在視訊中提出的陳述若為負向（負向情緒吸子），就會啟動學生的大腦中某些與分析式網路相關的區塊。最深刻的發現是，正向情緒吸子與啟動側視覺皮質強烈相關，是大腦中牽涉到想像事物的關鍵區。這表示基於正向情緒吸子的同理心教練法，有助於喚起對新觀念、改變和學習比較開放的大腦區，只要討論這個主題**三十分鐘**即可觸發。同樣地，追求服從的教練法以負向情緒吸子為本，往往會喚起造成狹隘、聚焦思考和戒心式體驗的大腦區，同樣地，只要討論這個主題三十分鐘即可觸發。

由於分析式網路會妨礙或限制對新觀念抱持開放，以負向情緒吸子接受教練的人（例如為了符合一定的職務規定接受教練），或許頂多會對教練說場面話。在組織裏，結合公司一定的自豪感與團隊精神時，這樣的聚焦於分析式網路可能會變質為**競爭忽視**（competition neglect），因為不注意競爭對手而錯失產業的關鍵變動。[16] 在個人的層次上，它的呈現是不想改變、不想適應，也不願學習。

如同正向情緒吸子和負向情緒吸子，我們也是對二套神經網路都需要。假如花太多的時間在同理式網路上，我們或許會變得心有旁騖，而對特定的目標進展較少；假如花過多的時間在分析式網路上，所冒的險則是會犯下某種的道德過失。它並非人自認在做「壞」事，一般也無從知道對錯，而是他會忽略因他聚焦而使事情不公允或不公義的可能。例如他或許會從預算分析的角度形成權宜的決定，但長期而言對組織仍不是最好。我們需要同理式網路，以從他人視角了解事物，並領略潛在的決定會如何衝擊信任與關係。[17]

身為教練（或主管、老師、培訓師、神職人員或助人改變者），你會想要在過程中及早啟動同理式網路，以幫助人變得對新觀念與改變的可能抱持開放的態度。它也有助於他進入正向情緒吸子的狀態，而在可長可久的改變上成為五項探索（博雅齊斯的意向改變理論）的轉折點，如第三章所述。

關於針對正向情緒吸子對比負向情緒吸子進行教練，更多的詳情參見「以神經科學研究解讀教練行為」。還有在第七章，對於要怎麼增進人在教練關係上的正向特質，我們會提供進一步的解釋。

從求生到壯大

假如我們追求的人生是一連串的負向情緒吸子挑戰，我們或許會賺到堅忍與強悍的點數，但很可能縮短改變與學習努力的續航力。人生變成家務，而我們只會把家務做到必要的時間而已。所以我們需要想辦法，盡可能經常喚起正向情緒（也就是正向情緒吸子和因此的同理式網路與副交感神經系統）。

這就是瑪麗・圖克（Mary Tuuk）努力去做的事，反覆啟動正向情緒吸子，帶她到生活與工作的新高度，但它並非向來都是如此。

在開始與教練配合時，瑪麗（就像是鮑伯・謝佛）是中西部某大型銀行的銀行高階主管。身為風險長，她幫忙引領公司度過金融危機的變局，並償還問題資產援助計畫（Troubled Asset Relief Program，TARP）的聯邦資金。瑪麗在風險管理上的職涯圓滿，但她知道自己想要更多的東西。

在與教練配合時，瑪麗有機會思索未來十到十五年的理想生活與工作。隨著她層層剝掉他人的期望、傳統和象牙塔式的風險管理職涯，她為自己所創造出令人興奮的畫面是：要為損益表負責的前線高階主管（也就是普遍的管理職）。但她也想要在私生活上花費更多的注意力，她想要投入歌唱，並想要更常探望年邁的母親。隨著她跟高階主管教練討論這些願景，浮現愈來愈多的點子。喚起正向情緒吸子為她打開了新可能，她的興奮感有增無減。

她與執行長分享自己的夢想時，他聽得很仔細，並聽出瑪麗的渴望是在公司成長和改變。他知道，瑪麗的法律學位和在銀行待了十六年，使她在關鍵能力的角色上準備好了。他決定提拔她為銀行在密西根大湍流（Grand Rapids）分行總經理。他這麼做是知道，責任真的是屬於層峰等級。但執行長認為，職務會是瑪麗的完美機會與挑戰，她必須加碼並精進自己的才華。

快轉到一年後，結果很戲劇化。瑪麗將銀行推向營收、獲利與成長的新境界。身為銀行總經理，她一手主導了商業與零售銀行業務、消費金融和投資顧問服務。她還在密西根西部買了公寓，就在她為親近大自然和「自我充電」而頻繁造訪的湖邊。而且她找到了方式發展和分享她對音樂與歌唱的熱愛：她開始規律跟著好幾個教會唱詩班演唱。接著，在當地二〇一二年五月的河邊路跑中，她跳脫刻板印象中的銀行總裁角色，對著近四千位觀眾演唱美國國歌，還有二萬位跑者參與了由銀行所贊助的社區賽跑。

身為密西根的本地居民，瑪麗一下就擁抱了密西根西部的新社區。她現在在眾多的社區理事會服務，並將自己的角色視為社區營造員。在她和教練發展出對自己未來願景中，致力於在事業上提拔女性，是另一個優先事項，而在大湍流的加爾文學院（Calvin College）設立學程。「目的是幫助年輕女性構思職涯並勇於築夢踏實」，瑪麗說。學程是在將高中生送進校園，並促進與社區中的事業領導者連結。

當母親生病而需要她時，瑪麗的探索又轉了個彎。如她所說：「我們多常有機會翻轉角色以幫助自己的母親？」將個人願景放在心上，她離開了銀行，花費對二人都很重要的時間陪伴母親，也使瑪麗能與大家庭重新連結。

後來瑪麗去一家非常不同的組織任職，那是倉儲式零售店美喆公司（Meijer Inc.），屬於家族事業，成長志向遠大，橫跨美國的六州與亞洲。她的職稱雖然一開始是法規遵循長（Chief Compliance Officer，CCO），但現在加上了物業與不動產資深副總裁。這些角色容許她學習業務，並聚焦於供應鏈和供應商。瑪麗熱愛跨界使她增添更多價值，並發現它是深具意義的角色。

瑪麗繼續對內部的導生（menteess）和她的年輕女性事業研究院（Young Women's Business Institute）學程下工夫，今年則將在密西根舉行第六屆的盛會。她覺得自己所過的日子，跟在為自己發展未來願景前過得截然不同，而為人生找到了真正的意義。音樂是其中的關鍵環節，除了在美喆公司的規律工作，瑪麗近來在大湍流交響樂團（Grand Rapids Symphony）接下總裁和執行長的角色。很清楚的是，瑪麗超越了簡單的求生，而在生活與工作上真正茁壯，努力找到「理想的自我」並且達到頂點。

達成「對的」平衡

瑪麗和鮑伯的故事說明，教練可以幫助人找到激發正向情緒吸子與負向情緒吸子之間的最佳平衡。這樣的來回在大腦中十分重要。反覆啟動負向情緒吸子會造成認知、情緒與知覺障礙。[18]研究說明我們需要負向情緒吸子，但負向情緒吸子會伴隨著激發壓力反應（交感神經系統）。連惱人的插曲都會啟動交感神經系統，像是某人卡在車陣中，或是漏接手機來電。你在當下比較沒創意，對複雜的任務體驗到較多的困難，視野縮窄因而看不見周遭的人，並錯過附近所發生的很多事。[19]如同有位朋友告訴我們，在負向情緒吸子／交感神經系統的狀態中，他會「把人視為乘載問題的平台」。

基於求生，我們受到設計的方式會使負向的情緒比正向要強。[20]假如你快要被吃掉或瀕死，就難以探討茁壯與強大。可是一旦稍微確保求生，也許甚至是暫時而已，我們就有所選擇：可以過聚焦於預期負向體驗的日子（我在臉書或推特上會受到什麼待遇），或者我們可以招來正向情緒吸子。

七賢之一的古希臘哲學家克里沃陸斯（Kleovoulos）告訴我們，我們應該要平衡體驗事物，切勿過度。[21] 想想看，上次有人批評你的穿著打扮，你想了幾天、幾個星期、幾個月？甚至到現在還讓你煩心。對照之下，當有人說你「今天看起來很棒」時，你想了幾天、幾週或幾個月？不大可能。當負面的情緒較強時，你要怎麼達成平衡？

有創意的同事芭芭拉・佛列德里克森（Barbara Fredrickson）發展了**正向比**（positivity ratio）。她和同事做了數十則設計良好的研究說明，有比較正向而不是負向的感受，有益於人在工作和生活發揮功能。她部分研究的早期成果顯示，合宜的搭配比率是三比一，也就是三個正向對一個負向（按：一次負面情緒需要三次正向情緒才能取得平衡，例如：一次負評搭配三次好評，或貶一次褒三次）。這篇文章的算法受到了批評，但無礙於要較為正向而非負向的主張。她後續的研究說明優異的正向比，會有較好的健康（發揮功能較好的免疫系統）、較好的認知表現和較好的社交體驗。[22]

在婚姻的親密關係中，約翰・高曼（John Gottman）和同事花了不只五十年來，研究相愛、穩定的伴侶的相處之道。他們發現，假如婚姻要長久，正向情緒吸子對負向情緒吸子的比率就需要是五比一，也就是合宜的搭配比率是五個正向對一個負向（按：一次負面情緒需要五次正向情緒才能取得平衡，例如：一次負評搭配五次好評，或貶一次褒五次）。對那些已婚的人而言，這個目標很有挑戰。[23]

另一項功能性磁振造影的研究，是關於正向情緒吸子對比負向情緒吸子教練的衝擊，我們看的是要多少正向情緒吸子，才足以啟動副交感神經系統和復原系統。[24]我們探索出，二堂正向情緒吸子的教練課對一堂負向情緒吸子式的課，會顯著啟動腹內側前額葉皮質，是大腦中直接啟動副交感神經系統的部分。[25]

當然，達成渴望平衡的特定比率要看人的現狀、心情和生活與工作上所發生的事件。有些人宣稱工作－生活平衡（或工作－家庭平衡）是非常重要的目標，但我們相信它比較屬於理想中的境界，沒人真的能做到。但重要的是放它在心上，並持續重新平衡活動所需能量和運用時間。針對正向情緒吸子進行教練可以幫得上忙，不管你是受教練的人，還是教練／助人改變者。

我們比自認的更常需要正向情緒吸子，然而，大部分的人都會忍受負向的環境和關係。悲哀的是，我們是對它有所期待。在正向情緒吸子和負向情緒吸子所描述的狀態上，研究顯示改變要可長可久，人對正向情緒吸子所需要的頻率或時間量是負向情緒吸子的二到五倍。[26]

例如在運用資料式回饋時，像是三百六十度評估的結果，對人出示資料、圖表或報告，一般都會造成對方聚焦在落差、缺點或負向評語上。這很可能會隨著對方試著分析而啟動分析式網路，戒心也引發負向情緒吸子。在過程中的此刻，他對於新的可能就變得更封閉，或許他承認運用回饋的重要，但是，伴隨而來的壓力、戒心和緊繃，都會減低對方所有努力的持續度。

另一方面，假如他在聽取任何回饋（例如三百六十度評估）**之前**，是聚焦在個人願景上，他就有較高的機會為回饋創造出正向、強烈渴望的情境，亦即應該身處他的願景和夢想之中。在巴塞隆納的艾賽德，我們的好友兼同事莉媞希亞・莫德斯托（Leticia Mosteo）、璜・曼紐・巴提斯塔（Joan Manual Batista）和理卡德・瑟拉沃斯（Ricard Serlavos）教授說明了，課程是聚焦於個人願景，對比其他較傳統的方法，是聚焦於糾正種種回饋來源所指出的缺點，包括三百六十度回饋在內時，結果就是二十五到三十五歲的企管碩士大幅改善了個人願景，以及情緒與社會智力行為。[27] 在幫助個人了解三百六十度回饋時，教練都應該先聚焦於對方的優點，以進一步強調正向情緒吸子的狀態，並使它盡可能走得長遠。然後以人的夢想和願景為整體情境，以討論缺點、落差和優點，就會成為分析式網路的有用面向。

復原系統和壓力反應

如我們所說明，在針對可長可久的改變進行教練，無論是教練、主管、老師、家長、神職人員、醫生，必須管理在正向情緒吸子和負向情緒吸子之間的平衡。其中包括比較細微的手法：管理壓力和對抗壓力或復原的平衡。就如同正向情緒吸子和負向情緒吸子，渴望是要在二種體驗間頻繁循環。身體的壓力反應（交感神經系統）是負向情緒吸子的一環，身體的復原（副交感神經系統）則是正向情緒吸子的一環。我們需要壓力不只為了求生，也是為了幫助我們在需要時聚焦和收窄視野。兩難的是，在現今的世界上，我們承受了太多的壓力，常常不起眼卻沒完沒了。我們會忘記今天早上輪到自己出車共乘，或是漏看開會改時間的電郵。如果加上偶爾的莫大壓力，工作或生活出了大問題時，它就會把我們推往慢性壓力與緊張的境地，而對我們和周遭的人有害。

教練、主管或助人改變者，可以引導人在接受教練過程期間平衡壓力與復原，但也需要為人準備好在日常生活中自行處理這樣的平衡。在教練的幫助下，瑪麗和鮑伯都能培養出新的、可持續的復原習慣。他們學會準備好面對無可避免的緊繃時刻，也透過復原的活動為自己施打壓力體驗的解毒劑，例如冥想、適度健身、瑜珈、禱告、對未來懷抱希望、陪伴所愛的人、照顧那些較為不幸的人或長者、跟寵物狗或貓玩、笑或玩鬧，或走進大自然等等。[28]這些就是那種可以按下體內開關的體驗或活動，以喚起副交感神經系統和希望的正向情緒吸子。

當自己感覺到壓力、懊喪、生氣、受傷，或任何與壓力所引發或交感神經系統相關的體驗時，大部分的人都會知道。但對於在復原時刻中感覺起來是如何，知道的人就比較少了，因為它很容易和休息、放鬆或無聊混淆。正念練習（mindfulness practices）在此就能幫上忙（參見第七章「教練的基礎」）。訓練自己在看到或感受到時認清復原的時刻（觀賞日落、撫摸寵物），然後容許自己變得為它們在場，會有助於我們在壓力與復原之間維繫極為重要的平衡，多樣化的活動和改變也有幫助。

多樣化不只是生活的調味料

鮑伯・謝佛變得過重到不健康和身形走樣的一個理由是因為，他長年培養出的習慣，把壓力變成更嚴重的狀況，製造出更多的壓力。因為沒時間採買食材回家料理，並坐下來好好吃飯，吃速食的習慣就是和許多人有關的例子。另外，對於身體是靠什麼驅動，我們確實吃下肚的食物品質在營養價值扮演關鍵角色。吃太多經常是對壓力的回應，我們會尋求胃口飽足的慰藉和口味或品質的愉悅。有時候，吃的過程會讓人心有旁騖，而對困擾我們的事提供片刻的解脫。

任何成癮所走的路都類似，經過證明，酗酒是肇因於感到相對無力，[29]我們靠喝酒尋求解脫與放鬆。有時候我們會為了尋求進一步的放鬆而小酌，一旦培養每當感到壓力就飲酒的習慣，它就會變得和其他的知覺相關。戒菸的癮君子常說，他們在飯後或喝咖啡時，還是會感覺到抽菸的衝動，這就是習慣或成癮。一開始是行為，但行為會幫助我們成癮，像咖啡因、尼古丁或酒精，我們逐漸體驗到身心改變。養成習慣之後，不只是愉悅的片刻，我們會對它有所期待，然後需要它，最後成癮。

不管人和癮頭搏鬥，或只是在試著改善績效，用一個更沒效果或糟糕的習慣代替另一個，都是大錯特錯。它會重新製造人試著改變的狀況。在成癮治療圈裏，我們稱之為**替代成癮**（exchanging addictions；按：當一個成癮者從耽溺沉迷的事物中，因為治療逐漸掙脫邁向康復時，也可能再發展出另一個新癮頭，藉此取代原本希望戒除的舊癮頭）。

到頭來，真正有幫助的是多樣化。要對抗惱人或慢性的壓力，對運用各種復原活動感到自在是強效的解毒劑。[30]鮑伯・謝佛成功維持了改變，因為他聚焦於復原時刻是透過始終如一與適度健身，在生活中像是跑步的好玩事件上競爭，改變飲食習慣與例行公事，甚至是如何將改變帶入工作。瑪麗・圖克依樣畫葫蘆。她所著墨的事像是與銀行所在的社區建立關係，演唱，教導女性跨出正向的職涯步伐，以及花時間陪母親和朋友。

所以多樣化的活動很重要，但劑量也是。製藥公司會擔心劑量。醫生會擔心正確或最佳的劑量。復原活動的道理相同。例如研究說明，假如你要一天花六十分鐘健身當成復原活動，不妨拆成四段各十五分鐘的各種活動，會更適合你舒緩壓力。[31]例如十五分鐘跟朋友聊他們的生活；十五分鐘調整呼吸、冥想或瑜伽；十五分鐘跟小孩或寵物玩；十五分鐘跟朋友或家人說笑和笑。當然，我們不是說你不該健身（而且說真的，你在一般的日子所需要的復原不只六十分鐘，還要擴散到整個星期）。但對於從時間和復原活動次數較為頻繁的角度來說，這是個好例子，說明相較於時間長、不頻繁的活動次數，每次較小的劑量會比較好，而且在運用各種復原活動，比反覆運用相同的幾項效果來得更好。

既然解釋了身心在運行上的基本過程，我們就能更聚焦地談論教練或助人改變者可以做什麼，更頻繁地為受教練者送入正向情緒吸子。在第六章裏，我們會探討為你的未來創造正向的整體情境，如何能幫忙維持學習和改變。

第五章學習重點

一、要維持改變或學習過程，人就需要比負向情緒吸子多二到五倍規律循環到正向情緒吸子裏。

二、從時間和復原活動次數較為頻繁的角度來說，較小劑量的復原活動比較久、較不頻繁的要好。

三、運用各種活動復原活動，比反覆運用相同的幾樣來得好。

四、正向情緒吸子使我們能壯大起來，靠的是啟動復原、緩解壓力的荷爾蒙以產生安穩、希望、甚至是喜悅的感覺。負向情緒吸子有助於我們求生，靠的是對威脅啟動壓力反應的荷爾蒙（戰鬥、快逃或戒心）回應。

五、在學習和改變方面，我們的大腦運用了二套主導的神經元網路：**分析式網路**（AN）和**同理式網路**（EN）。我們需要分析式網路以解決問題、分析事情、形成決定和聚焦。我們需要同理式網路以對新觀念抱持開放、審視環境中的趨勢或形態、對他人和他們的情緒以及道德疑慮抱持開放。我們對這些網路是二者都需要。由於它們會敵對並彼此壓制，所以我們在對各自所花的時間上需要加以平衡。

思考和應用練習

回到第四章的演練。你在生活和工作上能避開、盡量減少或丟掉什麼負向情緒吸子的體驗或活動？你在各週的期間能較為頻繁或以較長的期限多做什麼正向情緒吸子的活動或體驗？假如有時間，你會試著增添什麼新的活動或體驗和不同的正向情緒吸子？

對話指南

一、與朋友或同事討論，大部分的人是如何並不覺得自己有最好的生活－工作平衡？眾人的體驗有多麼相同或不同？你能怎麼跟渴望的平衡靠得更近？對於你管理這種平衡的能力，周遭的人會怎麼說？

二、在審視上週的每一天之後，對他人描述你在各天的正向情緒吸子和負向情緒吸子時刻有多少？你或他們有沒有在觀察中看出任何的形態？

三、在上述的討論中，探討你在各週一般所運用的復原活動是哪些和在什麼時候？正向情緒吸子和負向情緒吸子的時刻有多少延續了超過十五分鐘？在使目前的活動或義務受到最小的必要干擾下，你能為當天或當週增添的復原活動是哪些？

第六章

個人願景的力量

夢想，而不只是目標

清楚和有說服力的個人願景可以轉變人生。二〇一三年時，戴安娜・奈雅德（Diana Nyad）以六十四歲之齡，成為紀錄上從古巴游了一百零三英里到佛羅里達州的第一人。它是她第五次和最後一次的企圖；從一九七八年第一次嘗試以來，她必須為先前四次的橫渡收尾了。上CNN受訪時，她為這項成就描述自己的動機：三十五年前，她就夢想要泳渡，是以前從來沒人做過的事，而每次都因為「有事」，而阻擋她達成目標。

「可是你要繼續過日子，」她說，「而且到了六十歲，媽媽過世了，你會尋找什麼，夢想從想像中甦醒。」[1]

夢想向來都在那，連結了我們所珍視的價值、人生中最深的熱情與目的。它或許退居到人生的本分與責任之後，長年都收在比喻中的櫥櫃裏。但它從未正真消失。為戴安娜・奈雅德燃起無比雄心、堅毅與韌性的是令人興奮的夢想，那是她二十多歲時埋下的種子，承載著個人意義，並在六十多歲時圓夢。

幫助人們辨認出個人願景（我們稱之為**針對願景進行教練**〔coaching to vision〕），會容許他們回憶起長久抱持的夢想，並提供使它能起飛並成為現實的平台。從運動心理學的研究、冥想和生物回饋中，我們知道假如能為夢想賦予生命，我們就能觸動情緒投入。有說服力的個人願景會將目的轉為行動，從混亂中形成秩序，灌注信心，並驅使我們實現渴望的未來。

在本書中，我們描述了揭開這樣的願景會如何釋放個人身上，以及教練關係本身（或是任何為一人試著幫助另一人的關係）的正向情緒。要引導人們更為開放與深入思考，連結上自己真實是處於其核心的人，以及最終孕育出長效的學習和改變，它有威力和重要到不可或缺。在本章裏，我們會深入探討個人願景，並討論幫助別人勾勒願景的方式。我們會描述研究內容說明，探索和發展這樣的願景在神經和情緒上，是最有威力的方式驅動正向情緒吸子，並幫助人開啟生活與工作上的可能，先來看看個人願景是和不是什麼。

夢想，而不只是目標

人的願景是他對可能未來的畫面。它不是目標或策略。構成它的既不是行動，也不是義務。它不是在預測很可能會怎樣。它是夢想！為績效而教練是強調以回饋介入，願景式教練則是強調以探索和展現，啟發受教練者勾勒並實踐「理想的自我」或為關係定調。「理想的自我」形塑與上色的是，如果要讓一個人做到最棒，這個人對於自身渴望和需要的是什麼。

簡而言之，個人願景是在展現個人的理想的自我與理想未來。它涵蓋了夢想、價值、熱情、目的、使命感與核心認同。[2] 它所代表的不只是人渴望**做什麼**（do），還有但求自己**是誰**（be）。

思考個人願景的任何一面，有時候都可以是全新或不舒服自在的體驗，起初是因為招來自省或許代表踏出舒適圈。我們終其一生多半被問到的，都是「想做什麼」，而不是「想成為哪種人」，或「想過哪種日子」。這是在玩鬧中始於在學步時和學齡前，出於好意的父母、照顧者和老師就會問：「等到大一點，你想要做什麼？」小朋友則會以變裝為樂事，以看起來和表現得像是等自己長大之後或許會想成為的人，像是醫生、消防員、芭蕾舞者、護理師或員警等等。

隨著年紀漸長，小朋友就會開始了解不同的職涯，實地走訪，並聽到朋友的父母談論自己的工作牽涉到什麼。這些體驗全都有助於他們開始探索，自己在人生中或許想要做什麼。到了高中，學生常會被問：「你想要念哪裏的大學？」然後到了大學，我們會受到教練對面試官回答無可避免的問題：「你畢業後想要做什麼？」後來進入職場工作，出於善意的上司和人資主管則會問員工：「接下來幾年，你想在這裏做什麼？」

很清楚的是，在回答自己想要**做**什麼的問題上，我們練習得很多，但在自問我們認為是同樣或者甚至是更重要的問題上，所花的時間卻往往少得多：「我要成為**誰**？」當我們身為教練（或父母、老師、主管、神職人員），協助人們思考「我關心什麼？我有什麼夢想？如果不必想到別的事，我會想到什麼？」湧現的新觀念與新可能常常就會源源不絕。大部分的組織都聚焦在二、三年後的職涯目標上，我們則倡導人們要從今後十到十五年的角度思考。為什麼？因為較長的時間，會將人們推出舒適圈，這個舒適圈是只憑最近的想法或觀念、或社會期待或接受的事所回應的範圍。所以我們會問：「假如在今後的十到十五年，你的人生還算**理想**（你在此可以改用**一流**、**令人驚喜**、**絕佳**等等單字替代），那它會像是怎樣？」對這個問題的初始回應可能會從茫然凝視、一臉焦慮，到純粹熱情的表情。但不論當下的回應，隨著人們確切構想自己在遙遠的未來，而免於眼前的疑慮，問題最終所帶出的常是笑容。[3]這樣的回應喚起他的正向情緒吸子，並容許所浮現的觀念和解方，比他或許原本不會有的更有創意。

凱倫・麥利（Karen Milley）親身體驗了這點。參加凱斯西儲大學的領導發展學程時，凱倫是研發副總裁。一項家庭作業的功課是練習描繪其他人的願景，她的首位練習對象是青春期的兒子約翰，某天晚上圍坐在火爐旁，她問約翰：「告訴我，你想要成為什麼樣的人？「還有，你看到自己在十五年後會做什麼？」約翰停了半拍，然後回答：「這個問題有賴我想像。」

此時，凱倫靈光乍現：「這就是針對願景進行教練的力量，」她心想，「它有賴對方自行想像！」

她在講故事時補充說，自家公司的人都習慣從「你在追逐什麼角色？」的角度思考。她說：「每個人感覺起來都像是需要經過深思熟慮的五年計畫，備妥標準答案以備有人問起就能回答。你講不出來，是因為你想要令人讚嘆。一旦要求眾人再想遠一點時，對於我**最後**想做什麼，你是否設法避重就輕？」身為龐大部門的領導者，凱倫的發現令人耳目一新又興奮；而且藉由思考更長遠的個人願景，她立刻就留意到，這種方法可以協助部屬正向扭轉思考與能量。

「如今我允許眾人對可能的未來，有二、三種場景，」她說，「而且我向他們保證，我們會聚焦那些場景，以找出對他們最好的路。你可以看到他們眼睛一亮，表情放鬆並且安定下來。」

對於沒有個人願景的問題，我們認為路易斯・卡若爾（Lewis Carroll）在《愛麗絲夢遊仙境》（*Alice Adventures in Wonderland*）呈現得最好。愛麗絲來到岔路，看到樹上的貓，問說：「『可不可以麻煩你告訴我，我從這裏應當走哪條路才好？』貓回答，『要看你想要去哪。』愛麗絲說，『我不是很在意去哪。』貓說，『那就無所謂了。』」[4]

但在現實中，知道「我們想要去哪？」事關重大。對於我們在職涯、關係和人生中要去哪，發展局面可以指出我們目的地；它容許我們看出種種可能，對比只有一條可走的路線，並使我們留在最佳的到達路徑上。這就是為什麼在開啟教練過程時，很重要的是探討一個人「理想的自我」，並轉化為某種對外展現的形式，像是書面宣言或畫面。發掘和精煉個人願景的過程，會釋放出具有威力的正向能量，並且有很多好處。它有助於我們看出更大的局面，著墨於聰慧的思考，更有同理心，拿出行動，跨足更大範圍的行為，以及培養恆心毅力度過難關（參見「復原和個人願景」，故事是本書的其中一位作者艾倫運用這些工具因應健康危機）。

我們的朋友兼同事安琪拉・帕薩雷利（Angela Passareli）以正向情緒吸子和負向情緒吸子為題，檢視在形成對照的教練對話期間，在認知、情緒、生理和關係上會發生什麼事。在她的研究中，參與者二位以不同方式與他們的教練會面。一位教練要參與者構思正向的長遠未來（正向情緒吸子），另一位則鼓勵個人聚焦於目前的問題（負向情緒吸子），都是為了幫助提升參與者的人生。參與者對二位教練的體驗顯然不同。在願景式的教練後，他們覺得比較開心，針對教練關係所得到的觀感品質較高，並展現出志向較遠大的目標。在正向情緒吸子式教練課後，參與者為追求所訂下的目標而願意付出的努力，也比在負向情緒吸子式的教練課後要顯著得多，並在追求時得到較多的喜悅。5

復原和個人願景

二〇〇四年的十一月，艾倫第一學期的博士學程。第一天坐在課堂上時，她感覺到頸側有腫塊。她不記得之前有過這種感覺，當成自己正在對抗感冒前兆的象徵。但是，一個星期之後腫塊並沒有消退，她去看醫生。經過多位醫生診斷、檢驗和切片後，她接到任誰都不想聽到的消息：她得了罕見的唾腺癌。所幸及早發現，她以手術摘除病灶，接續而來的是放射治療。即使如此，她感到措手不及。而且身為母親（女兒當時快四歲），她知道自己需要盡一切可能提升預後。除了照顧女兒和攻讀博士學位外，她也有全職工作，先生剛買下醫療診所，所以家裏需要她的收入維持生計，很多事需要她扛。這是她的警訊，事情必須有所改變，而且她別無選擇，就是得聽進去。

當時艾倫已是有經驗的教練，對（第三章所描述的）意向改變理論（ＩＣＴ）瞭若指掌。她決定套用模型，以替診斷後的人生發展個人願景起頭。她聯繫上自己的核心價值，信念、家人、友情、愛、健康、誠信、終身學習和樂趣，以及自己未來真正想要的是什麼。

艾倫立刻感受到發展願景的威力，釐清真的對她「有所謂」的是什麼，以及她想要在人生中留下的遺產。這番釐清給她能量與力量，以套用意向改變理論的第三項探索，將目標和對未來的福祉所需要採取的行動擺在一起，然後盡一切的可能照著計畫走。她是以向學校請病假起頭，以容許自己痊癒，這擔憂可不小，因為她的學程才剛展開而已。她與當過高中老師的天主教修女發展出密切的「教練」關係，以為她指出精神上的方向。她們每個月見面維持一年，常常討論《聖經》中的詞句是如何攸關她的人生體驗，以及信念與恩典在她所受考驗中的角色。

艾倫一邊接受放療一邊敞開心胸學習如何讓自己健康，她與自然療法的醫生配合營養解毒的過程，並學習食療的威力。她改變飲食習慣，減少使用精煉白糖，並增加有機食物、全食物和蔬菜的攝取量。用綠色飲品和其他食材打成泥是她的日常主食，以提高吸收高品質養分。她向知名的阿育吠陀（Ayirvedic）醫生學習超覺冥想（transcendental meditation），她一個星期做好幾次。她會聽引導想像的聲音光碟，以在心智陷入過度擔心「萬一」時，設法讓身心平靜，而不是跟它唱反調，並保持希望而不害怕與消沉。她每一分的能量都花在依靠意向活出願景與價值。而且她是在許多支持的家人、朋友和同事幫忙之下照計畫走。她開玩笑說，以全村之力使自己健康，而且所有村民都要加班。

那是十五年前，而且對於此後每天所賜予的健康生活，艾倫依舊感謝。她思考這段體驗改變人生並極具威力。就如她所說：

除了遵照醫生的建言完成正規的癌症治療提升預後，我也訂定個人任務，盡力向有觀點的醫生、健康專家和心靈顧問學習每件事，長期是要如何將日子過得長遠又健康，短期則是從癌症中痊癒。我的主要動機不只是在癌症診斷中求生，還要盡力健康到充滿活力。我學習到這意謂著力求健康到不同凡響，在心智、情緒和精神上健全，而不只是在身體上。最終它有意義到，即使我所做的步驟在某些人的眼裏全都很扯，但我真的不在乎任何人對於我在做什麼會怎麼想，因為我沒什麼好輸的，每樣都是賺到；這麼做，是放自己自由。

再來，艾倫將她的旅程，視為意向改變理論的終極測試。「它提醒我，死亡近在眼前，並且清楚呈現我的價值是什麼、我渴望的是什麼。」她說，「它不是每天工作更多時間，回到家累癱在床上，而是以更深切的渴望，活出上帝給我的人生計畫，連結我真正是誰，陪伴我關心的人，以及做真正有助於人和組織的工作。只有在這樣的情境中，我才有機會痊癒。」

有個人願景可以如此有益與值得，但探索的過程有時並不會直截了當或一帆風順。以繪美・薩波（Amy Szabo）為例，重點並不在於她不知道自己想要往哪去，而在於她對許許多多不同的路都有興趣，使她花了點時間才發展出能容許她聚焦在衷心渴望上的個人願景。

研究聚焦：願景式教練

研究員安琪拉・帕薩雷利為檢視教練如何幫助他人有長效的改變，就做實驗來看在形成對照的教練狀況期間所存在的生理、認知、情緒和關係機轉。四十八位研究生參加了二場迥然不同的教練對話：一場是聚焦於幫助學生想像未來（正向情緒吸子情境），另一場是聚焦於現有的問題和挑戰（負向情緒吸子情境）。帕薩雷利蒐集了在二場教練對話期間和之間的資料。

相較於聚焦於眼前問題的教練，願景式教練（強調正向情緒吸子的教練）讓參與者覺得情緒比較振奮，與教練的關係有較高的品質，而且所訂下的目標數較多。參與者所訂下的目標受到深切認定為重要，而且比較願意付出努力追求，儘管設定的跟在另一種教練狀況中所訂下的目標一樣困難。

資料來源：A. M. Passarelli, "Vision-Based Coaching: Optimizing Resources for Leader Development," Frontiers in Psychology 6 (2015): 412, doi:10.3389/fpsyg.2015.00412.

繪美的故事

繪美及時趕到現場，她帶著急救包跑來，又穩住一位心臟病患，並送他去醫院。

如今，繪美一談到當緊急醫療技術員（emergency medical technician，EMT）的早期職涯，助人的熱忱油然而生。在成為緊急醫療技術員之前，她拿到了學士學歷，短暫當過老師，然後是消防員，在一百五十位男性當中是二位全職女性之一。

當了幾年的緊急醫療技術員後，後來她拿到了第二個學士學位，這次是護理。過沒多久，她就成了臨床護理長，以及病危照護和內外科價值流的持續改善促進師（Continuous Improvement Facilitator）。她留意到在醫院所看見的效率不彰時，參加精實流程的六標準差黑帶（Six Sigma Black Belt）課程。其他單位的負責人常向她尋求幫助和建言。後來繪美獲聘到不同的醫院體系，協助開發病患體驗程式輔佐主管。

很清楚的是，老師、消防員、護理士到醫院的病患體驗經理，並不是典型的職涯路徑。繪美是從一次救一條命，走向拯救整個醫院。她在沿路上找到了獨特的方法聚焦於工作，而且以任何既定的體能、技術知識和速度標準來看，在各職務上都證明了自己。但回頭來看，她承認自己並非是有計畫，而常是憑著他人建議挑選接下來的步驟。一次一項，並在體驗之際測試。

繪美現在正在念高階主管MBA的學程，對於未來發展很興奮，但不確定要選哪條路才好。不過她確信一件事：在人生中往前走時，之前選擇職涯的方式是效率不彰和沒有效果的方式。

學程中的領導教練與繪美配合發展個人願景。「假如你的人生在十到十五年後完美無缺，它會像是怎樣？」教練問繪美。繪美說，她先前對於長期的未來沒想這麼多。確切來說，她在外人眼中是謙虛、和善的人，她準備好幫助他人，但不是聚焦在自己身上。因此她的教練並不訝異的是，她最早企圖訂出個人願景時，是集中在家人和為醫護創造出更正向的環境上，而不是本身的長期夢想。

教練決定暫時繼續下去，與繪美配合解讀多方評量的回饋媒介情緒與社會職能量表（Emotional and Social Competence Inventory，ESCI）。[6]情緒與社會職能量表的使用者大部分都企求找八到十個人完成三百六十度評量的回饋調查，而且常常必須勉為接受回覆較少。繪美可不是！她創下了新紀錄。她徵求五十人回答與她互動的問題，並完成四十七人的回饋。

後來她與教練審視回饋。除了回覆率一流，她最大震撼的是，在這四十七人的資料中，無可否認的訊息是：她所展示出的每樣情緒、社會與認知智力職能始終是在「特殊優點」的門檻水準之上。她是有共鳴的領導者，情緒與社會智力高，但她根本不知道。

當教練問繪美怎麼理解結果時，她遲疑地承認自己對領導他人頗為拿手。她也開始相信，自己準備好了對人生的長期看法，而不只是下一份職務。這為繪美開啟另一輪的個人探索，使她回到在醫院的工作時，是帶著開放的新心態，探索和尋求夢想的未來。

不過在六個月後再度跟教練坐下來時，繪美承認覺得有點迷失。她又升官了，是責任更大的機會，在醫院另外再設立一個創新的新中心，以聚焦於為整個體系或者更準確來說，是整套體系重新導向，使龐大的醫療照護機能圍繞在有效果和有效率的病患照護上。

教練問從上次討論的幾個月以來，她的願景有沒有改變。繪美開始將自己視為了領導者，以及受他人看重為幫助來源的人。她應付了新的挑戰，並幫助其他向她尋求建言的醫院，將開啟類似創舉列為優先事項。她甚至開始教授情緒智力的研討會，藉此帶動他人打造高衝擊、正向的病患照護體驗。

教練拿在那年早先所問過的相同問題問她：「假如你的人生在十到十五年後達到完美的境界，它會像是怎樣？」他不禁想說，她是不是或許會想要當醫院的總裁或常務董事。但讓他訝異的是，她往前一靠，興奮說出自己最愛的會是什麼：幫助醫院的領導者看出自己的行為會怎麼影響他人，以及和他們探討更好的方式跟幹部和病患互動。繪美想要當醫療照護高階主管的教練。

「你不是已經在做這件事了嗎？」教練問道。繪美帶著不解的笑容看著他說：「你的意思是……」

他說：「唔，你現在會規律跟醫院裏各種廣泛的領導者針對他們的單位、行為和作風對話。」

「是。」繪美說。「可是我並不是他們的教練。」

「你確定？」他回答說。

她想了一會兒。「你知道，醫院的一位董事最近打電話給我說，我跟她的一些對話非常有幫助。她想要繼續。我猜這可能是教練關係的開端。」接著繪美問教練，她能怎麼透過教練的高階訓練和教育進一步培養技巧。

如今一談到夢想是在所任職的龐大醫院體系教練和掌管大型部門，她就會身子靠前，帶著笑容，並說得很快。她的能量會傳染。繪美即將完成當教練的訓練，是她歸功於本身的領導教練幫助自己所展開的事。靠著引導繪美超前思考，並建構全盤的個人願景，她以「放自己自由」描述全面的職涯和人生地圖，現在，她想幫助他人做相同的事。

接下來，我們看看另一人在人生當中好幾次邁向成長與改變的個人願景。

巴薩姆的故事

在所任職的醫療照護業裏，巴薩姆對於專案團隊中的他人變得愈來愈受挫。他是專案領導者時，意會到自己暴躁又沒耐心。它是很怪的感覺。他向來都是好人，眾人會對他談論範圍廣泛的問題與課題。現在彷彿是某個來自另一個星球的異種侵入了他的身體，他則是自己過往為人的仇敵。

他決定需要調節願景和朝著它前進的計畫。一年前，在企管碩士學程中，巴薩姆與教練配合發展了個人願景。透過那次的體驗，他對自己多有認識，而認為再次與教練配合或許是好主意，因為他現在面臨了不同的難題。雖然他正在醫療照護的職涯中往前走，但他想要更多的東西。巴薩姆起初是從約旦出身，在杜拜住了多年，但希望藉由取得國際經驗和企管碩士改變領導作風，成為一位更稱職甚至更有魅力的領導者。

他再次會見的教練，問到他的願景。巴薩姆所描述的夢想用心又有說服力，包括維繫與朋友的關係，當個真實、友善的人，在他人眼中是個溫暖又善良的人。教練問：「所以，你的課題是什麼？」巴薩姆解釋說，在熱切創新和解決組織問題時，他常是身處於或在領導特別專案團隊。有些隊員沒有認真工作、無心投入，只做到最低限度。社會惰化（social loafing；按：又稱為社會懈怠，指一群人共同完成一件工作時，每個成員付出的努力，少於單獨完成工作的總和）、渾水摸魚（freeloading）在專案團隊裏是常見的抱怨，而惹得巴薩姆生氣。在新團隊沒多久，同事將他視為愛生氣的主管，而不是他希望自己成為的關懷與創新領導者。

教練問巴薩姆，在受挫的工頭和關懷的團隊領導者之間這道明顯的光譜上，他想要身處在哪裏。他說，雖然在當個稱職領導者的個人夢想上，創新和達成目標是其中一部分，但結果同事將他視為愛生氣的人，又失去友誼，並不是「理想的自我」的一部分。這番對願景的釐清意謂著，他需要調整行為。

教練追問他，對於個人願景上的明顯拉鋸，他怎麼想。巴薩姆的回答迅速而清楚：「不想為了達成團隊目標卻折損了關係」。

教練問：「在團隊會議前，你有沒有覺察到自己的挫折在增長？」

巴薩姆答說：「有，但不知道要怎麼辦。」

教練又問：「假如知道要怎麼辦，你會怎麼做？」

巴薩姆想了一會兒：「我可能忽略渾水摸魚的人，而跟其他在乎的人走下去！」他只是在半開玩笑地笑著說。然後他變得比較嚴肅了，「我不確定還能怎麼辦。」

教練邀請他一起腦力激盪，而浮現出好幾個主意。在團隊會議前，巴薩姆可以花幾分鐘審視願景，甚至是把它大聲念出來，並思考它與團隊專案的相關度。他鼓勵說：「思考你的核心價值和個人目的，並想像你想要怎麼與團隊呈現。在各場會議的開頭，幫助團隊回憶共享的價值和願景。」

教練接著說：「聚焦在團體共享的目的上，並向那些幫忙貢獻心力的人致謝。邀請他人思考和分享，自己對什麼感到興奮。在本質上，就是把焦點轉向團隊的重大進展，並讓團隊分擔帶動他人的需求。」

對巴薩姆而言，這扭轉了思考。令他感到欣慰的觀念是，他不需要一個人扛下團隊工作的負擔。然後，教練幫助他考量或許對團隊採行不同方法，以使他能一直忠於他想要他人如何體驗他，並以顯著的方式貢獻團隊的產能。

就像是巴薩姆，我們全都需要定期更新個人願景。或許會發生事件促進改變，或起碼是重新檢視一己的願景，像是遭到開除、獲得升遷、結婚生子、失親，或體驗到像是颶風的天災或恐攻。有時候，改變的並非場域，而是周遭的人。不過，有時候它並非事件，而是時間推移的效應。

我們全都能期待生活和工作上的轉型，而且這些改變能提醒我們更新願景。針對「理想的自我」或個人願景，如何隨著終其一生的時間和事件改變，理查和伍達央・達爾展開了一連串的研究。[7]但連在沒有特定的事件下，理查和伍達央在較早的研究中發現，我們的生活與職涯似乎也會延續五到九年（平均為七年）循環。在我們四 五十歲時，經常標示為中年危機，但它其實是生活與工作的自然節奏。[8] 重要的是，人要用這些自然循環（或是在人生中遇到重大事件時）重新檢視個人願景。

個人願景如何創造改變：更多的證據

我們花了多年才了解到，在列出「目標」和討論個人願景之間，個人的回應為什麼會有這樣的差別，如同繪美和巴薩姆對教練所為。目標是要人宣告，自己企求和理應要達成某事。對很多人而言（以**高成就需求**〔high need for acheivement〕為動機的人除外，像是尋求業務職涯的人），這是在創造義務感。[9] 義務感引發壓力反應，並開始增進腦中的負向過程，我們在本書通篇都描述過。然後，目標或許就成為避開而不是追求的東西。

然而，在（理查和其他人所做）較早期的心理和管理學研究中，我們發現目標有幫助，但作用依處境而有所不同。差別在於所處的情境是以績效為導向，還是以學習為導向。績效導向是強調展示才華、追求外在肯定，並達成特定的目標。學習導向則是以渴望在知識與技巧上，達到高度精熟為特色，以應用到各式各樣的現有和潛在場景中。[10] 其他金字招牌的研究顯示，訂出特定的績效或學習目標會通往不同的結局。當任務複雜而且有賴於學習與適應時，學習目標會通往較好的績效，參與者投入任務較久。相較之下，當任務簡單或平凡時，績效目標所提供的方向與清晰度，則會激勵較為卓越的績效。[11]

對於這為什麼會發生，後起的社會神經科學研究有助於我們了解動態。我們訂下目標時，就會開始想如何著手。這會引動分析式大腦。如我們最早在第五章所討論，這套網路會牽動壓力反應，並常在認知、情緒和身體上損害我們。一聚焦在目標上，我們往往就會去看直接在我們面前的是什麼，而無視於地平線上的其他可能。[12]研究員托瑞・席根斯（Tory Higgins）表示，訂出特定的目標會將我們的焦點轉向預防可能達不到目標（也就是滿腦子都是達成目標本身），而不是尋找新的可能。[13]他的成果說明，這會如何衝擊我們調節和觸動觀感的方式。以預防為焦點，會使我們輕度到高度戒心，這就會限制我們能如何援引必要的內部能量帶動新事物，以及維持對它的努力。跟很多人相關的例子就是，每一年新年都下定決心的作為，靠著全新一年的承諾和重新來過，我們熱忱向眾人宣告，要吃得更好、睡更多覺、天天打電話給媽媽、每週日上教會，或是戒除壞習慣，卻在幾週後就失去動力。不妨問問看健身中心的經理，都很愛一月，大家會簽約，繳交幾個月或更久的會費，到了三月就人間蒸發。這是因為改變很難，而要讓人以**堅持下去**（stick）的方式改變，渴望就必須直達深層。它必須連結到我們的熱情、目的與核心價值。

如我們在繪美・薩波身上所見，她的職涯是起步從「想要一份工作」（教書），到「令人興奮的工作」（消防和當緊急醫療技術員），然後是可以「聚焦助人的工作」（護理和醫院行政）。隨著對未來的夢想擴大和具體化，對於築夢踏實的觀念和自己說出自身夢想的能力，她也變得更有信心，成為她有深切目的感的個人願景。

有趣的曲折是，我們在一次對教練的功能性磁振造影研究中發現，寫下自身的願景，並不會啟動和在召喚正向情緒吸子受過訓練的教練**談論**它時相同的神經網路。[14] 我們在第五章討論過，在二則研究中，基於正向情緒吸子比照基於負向情緒吸子進行教練所做的功能性磁振造影研究結果，說明教練對自身願景的威力。[15] 在第一則研究中，我們發現基於正向情緒吸子的願景進行教練，所啟動的大腦區域跟想像最相關。在第二則中，我們說明了針對正向情緒吸子進行教練，會啟動一個人看出大局的全面觀點和才能，就算是教練請對方談論自身願景短短三十分鐘，也可觸發正向情緒吸子。對比的負向情緒吸子，則是啟動受限許多的局部觀點。

這全都是在說，在本質上，個人願景就是自身和一己未來的理想藍圖，探索它，會釋放希望和興奮的正向情緒，進而激發對成長和改變的動機與渴望。突然之間，我們就相信值得與合宜的事會發生。[16] 而且那樣的希望，是由自我效能和樂觀所推進，而相信我們可以表露「要做什麼」或「成為什麼樣的人」。所以，希望是由自我效能驅動，表示我們不但要想像好事即將發生，還要相信我們能夠達成它。[17]

在某項針對工程與科學專業人士的研究中，所聚焦的是女性為什麼會離開或留在某個領域中。研究員凱瑟琳・布茲和戴安娜・比利莫里亞為有願景的威力，找到實證證據，藉此讓身處技術領域工作中的女性，有辦法發展自我效能。對這些女性而言，花時間思考自己的熱情、目的與價值，不僅增進工作動機，也強化她們投入技術領域工作的程度。[18]

在食品加工製造商做資訊系統的布蘭蒂・狄馬可（Brandi DiMarco）肯定就是如此。在念領導發展學程之際，靠著高階主管教練的幫助，布蘭蒂打勾勒自身的個人願景，她分享如下：

有個人願景，幫助我排出優先事項，並為將來做好準備。我常常回顧貼紙，看自己寫了什麼。我的願景和價值就貼在鏡子前，所以我天天都會看，提醒自己「我究竟是誰」。當生活繁忙時，就容易忘記它。在私人方面，我決定再生個孩子；在專業方面，我重回大學念書以獲得學位；我更新履歷，應徵「想要」而不只是「夠格」的職位。我最近升官了，目前在面試更上一層樓的管理職位。在完成願景後，我意會到公司的價值，與我自身的價值相符，使我輕而易舉決定留下來，以追求組織內更高的職位。

研究聚焦：堅守職涯的女性

在針對四百九十五位工程與科學女性的研究中，凱斯西儲大學的研究員凱瑟琳・布茲（Kathleen Buse）和戴安娜・比利莫里亞（Diana Bilimoria）發現，堅守職涯的女性常有個人願景，個人願景包括了但不限於她們的行業。有願景使她們能克服在職場上所遇到的偏見、藩籬和歧視。發現確認先前的研究所說，在個人的個人願景與核心認同中，自我效能、希望和樂觀是重要的元素，並且是該願景要有效所必備。有清楚的理想的自我會正向影響到女性的工作投入度，進而直接影響女性的參與而續留在工程領域。

資料來源：K. Buse and D. Bilimoria, "Personal Vision: Enhancing Work Engagement and the Retention of Women in the Engineering Profession," Frontiers in Psychology 5, article 1400 (2014), doi.org/10.3389/fpsyg.2014.01400.

訂出願景

打造願景最好能視為有賴於我們發揮想像力和創意的制訂過程。要幫助某人辨認出理想的自我並傳達個人願景，最好的辦法就是鼓勵他**作夢**。在我們的領導發展學程中，最熱門的演練就叫做「抓住夢想」（比較務實的人稱之為「遺願清單」演練）。請對方思考，在自己的一生中想體驗、嘗試或成就的二十七件事。企圖要人盡可能多寫在便利貼之後，黏在活動掛圖上，然後把那些點子依論題分組。一些例子是：職涯、家人、旅遊、健康、冒險等等。在小組的場域中，良好的下一步是留時間「逛畫廊」。這是眾人可以到處逛逛的時候，以閱讀他人的活動掛圖，並將它當成美術品觀賞。

大部分的人都會對體驗樂在其中，並發現它對想像可能有幫助。我們常在小組中看見笑容，聽到笑聲，並感覺到正向的能量。跟工作小組或家人做這道演練是很棒的方式，讓眾人幫助彼此作夢。一窺他人的夢想與志向，啟發人心又讓人臉紅，像是在潛入別人的心靈。對於要怎麼引燃和促進夢想與探索的體驗，這只是一例。其餘的建議可參見章末的思考和應用練習。

對很多人而言，教練和發展對未來的願景主要是關於工作和生活。但在我們到目前為止所說的故事中，勇敢和好奇的人都說明了，工作只不過是人生的一部分。我們的專業生活固然可以是享受和滿足的來源，但更深的目的和意義感，經常是靠工作以外的活動實現。繪美・薩波發現，她跟其他醫院高階主管所做不屬於正職的事，實際上卻是使她感到最為滿足和雀躍的活動。幫助他人比領導醫院部門要來得重大和有意義，驅動繪美的目的感。在擔任教練的工作中，我們發現，助人發展對於希望和夢想的**全面**（holistic）看法，考量並整合所有的人生面向，有助於他們連結並針對「自己是誰」，發展出更整體和真實的畫面，包括熱情、目的、價值與認同。助人探索個人願景的過程，始於思考未來的生活與工作：身體健康、感情生活、友誼、家人健康、精神健康、社區參與、財務事項等等的夢想與希望。考量一己的工作（不管支不支薪）當然是思考過程的一環，但我們不會認定它是人的中心夢想。如我們在本書的好幾個例子中所見，教練對話常常同樣涵蓋了專業**和**個人的認同和活動。

幫助和教練全都關乎改變，以及如何維繫渴望的改變。要讓改變發生和持續，個人願景提供了不可或缺的根基，因為它是有意義表達一個人的熱情、目的與價值。對於我們在人生中但求要做什麼和但求要當誰，它是全盤的畫面。訂出個人願景是因人而異的迭代過程（iterative process），但不管過程是怎麼展開，當願景「烤好」時，對教練而言都會顯而易見，因為個人常會充滿能量而等不及要啟動。這就是啟發和既有的動機在運作。

接下來的第七章，我們會聚焦於教練、主管或助人改變者可以做什麼，以和受助者培養高品質的關係，以維持那股能量並幫助他們築夢踏實。

第六章學習重點

一、個人願景是以全面、整體的方式，表達「理想的自我」和未來，包括夢想、使命感、熱情、目的與核心價值。

二、個人願景應該比較像是可見的夢想，而不是特定的目標。

三、個人願景應該要對人高度重要和有意義。

四、雖然在人的個人願景中，有的面向會在生活與工作的種種階段期間改變，但有的則常會保持原狀，像是核心價值和目的感。

思考和應用練習

演練A：抓住夢想

這道演練會需要一疊便利貼和一大張活動掛圖。將你在一生中想做或體驗的事，一個點子寫在一張便利貼上，這些是你還沒開頭或完成的事，直到滿二十七件事為止。一些有幫助的訣竅是：關掉內心的批評，容許自己自由思考，而不要強加實務上的束縛。回想小時候，你夢想著有一天要做什麼，如果受到批判，就不可能築夢了。

盡可能多寫最強的企圖之後，將便利貼黏在一張活動掛圖紙上，並把它們依論題分組；

例如：職涯、家人、旅遊、健康、冒險、靈性、物質商品、專業發展、休閒，將題目寫在便利貼分組的旁邊。

這道演練很容易就能依分組改編，個人要照著上述的步驟，等每個人的活動掛圖上，都依據題目分組便利貼，就要大家把活動掛圖貼在現場的牆上。然後容許有時間「逛畫廊」。逛畫廊是在提供機會讓大家在現場到處逛逛，並觀賞他人的夢想。在帶入欣賞時一定要加上的指導方針是，將它當成美術品看待，帶著謙遜的好奇心、欣賞，甚至是欽佩。人有時候喜歡在他人的活動掛圖上加進啟發人心的簡短、私人註記。我們觀察到的一些例子是：「你啟發了我」、「你辦得到」、「非常酷」等等。關鍵在於，評語要帶著尊重和贊成，而不是評判或建言。

演練B：我的價值

你在下方會找到可供考量的價值、信念或個人特徵清單。辨認出哪些對你最重要，並且是人生中的引導原則。它當然很難選，因為其中很多價值和特徵都起碼是對你有點重要。它難選也是因為，你或許會發現自己在想說：「我應該要重視X，並將它放在清單的首位。」即使它其實並不是。所以強迫自己選擇，並基於真正的感覺而不是人生中的「應該」。

你或許會發現對研判重要度有用的是，想像一下假如你被迫放棄相信或遵行特有的價值、信念或個人特徵，你會覺得怎麼樣。或者想想，假如你的人生是繞著一定的價值和信念打轉，你會覺得怎麼樣。這會使你覺得怎樣？有時候你或許會發現有幫助的是，同時考量二種價值，並以相對重要的那一項衡量另一項。

一、首先圈出約莫十五種對你最重要的價值。
二、然後從這份清單中辨認出對你最重要的十種並寫成清單。
三、從這份十種的清單中圈出對你最重要的前五種，然後從最重要排名到最不重要。

價值、信念或合宜的個人特徵

成就	達成	冒險	喜愛	深情	隸屬
雄心	協助他人	權威	自主	美貌	歸屬
心胸開闊	關懷	挑戰	快活	乾淨	舒適的生活
交誼	同理心	能幹	愛競爭	遵從	知足
對他人貢獻	控制	合作	勇敢	謙恭	有創意
可信賴	有紀律	經濟安全	稱職	平等	興奮
有名	家庭幸福	家庭安全	寬恕	自由選擇	自由

友誼
樂趣
真切
開心
健康
有助益

誠實
希望
想像力
改善社會
獨立
創新

誠信
有見識
投身
喜悅
悠閒
有邏輯

愛
慈愛
母愛
國家安全
自然
服膺

秩序
和平
個人發展
愉快
客氣
權力

自豪
理性
認可
可靠
宗教
尊重

負責
嚴謹
救贖
自我控管
自力更生
自重

誠懇
靈性
穩定
地位
成功
有象徵性

涉險
團隊合作
貼心
整潔
安穩
財富

獲勝
才智

我最重要的十種價值

1.

2.

3.

4.

5.

6.

7.

8.

9.

10.

我最重要的五種價值

最後，把你最重要的五種價值、信念或特徵排名，「一」是對你最重要的價值，「五」是這五種價值最不重要的。

1. ________
2. ________
3. ________
4. ________
5. ________

演練C：中樂透

你剛中了超級樂透，拿到了八千萬美元。你的生活和工作會如何改變？

演練D：人生中的一天……今後的十五年

如果現在是今天過後的十五年，你過著理想的日子，住在一直以來夢想中的地點，你和最想同住的人在一起。假如工作是理想畫面的一部分，你所做的工作就是你所愛的類型與量。

你的襯衫或上衣別了網路攝影機。在你當天的視訊串流上，我們會看到什麼畫面？你會在哪？你在做什麼？還有誰在那？

演練E：我的遺產

你會但求擁有的人生遺產是什麼？換句話說，你在所有這些年生活和工作下來，結果會留下什麼或延續什麼？

資料來源：這些演練是改編自 Richard Boyatzis, The Ideal Self Workbook (1999)，用於西儲大學的課堂與學程中，並印行於 A. McKee, R. E. Boyatzis, and F. Johnston, Becoming a Resonant Leader (Boston: Harvard Business School Press, 2008)；以及 R. Boyatzis and A. McKee, Resonant Leadership: Renewing Yourself and Connecting with Others through Mindfulness, Hope, and Compassion Boston: Harvard Business School Press, 2005)；並用於 Coursera 大規模開放線上課程〈透過情緒智力啟發領導〉。

對話指南

一、分享任三種在你的清單上名列前茅的核心價值。挑出一種，以本身的用字遣詞定義它對你意謂著什麼，並就該價值是如何彰顯在你的人生中想個例子。各自輪流分享自己的價值、定義和例子。在聽別人說時，留意不要評價或批評他們的價值。

二、如我們在第三章所建議，想想你在人生中的社會與專業／組織關係。在你花最多時間相處的人或最親近的人當中，誰是真的「懂」你或了解什麼事會真的「讓你動起來」？

三、你的社會認同團體是什麼？例如你會自豪地穿戴什麼？你屬於什麼運動迷社團？你是不是某個鄰里或宗教社群的一份子，而從中獲得自豪和歸屬感？你目前的社會認同團體是以什麼方式，幫助你跟理想的自我與個人願景靠得更近？

第七章

耕耘共鳴關係

聽出弦外之音

在位居美國的跨國工業組織裏，尚恩・哈尼根是受到矚目的成功高階主管。憑著二十五年經驗的資歷，對於他所帶領的財務職掌，他是掌管技術複雜性的高手，並受到重用、不斷加薪晉升至財務長。

有鑑於專業上的成功，尚恩很訝異在情緒和社會智力的職能上，老闆、同事和部屬所填的三百六十度評估，給了他了一些負向的回饋。[1] 在他跟高階主管教練配對的領導發展學程中，評估是裏面的一環。教練已經幫助尚恩發展個人願景，現在是審視三百六十度回饋的時候。

「你對這份回饋的反應是什麼？」她問他。

尚恩迅速翻閱各頁，到半途就停了下來。他看著教練說：「整體來說，回饋是滿好。我很訝異卻高興的是，他人留意到了我的優點。我以前聽過其中一些回饋，但很容易無視於你在戰壕裏琢磨問題時，做得好的是什麼，而我往往一直都是這樣。」她進一步慫恿他根據評估描述自己最特殊的優點，以及這對他人而言，有多麼顯而易見。

在冗長討論了他的正向回饋後，尚恩的教練問說：「別的呢？」

尚恩低頭看著評估說：「很清楚的是，同事和直屬部屬不覺得我有好好傾聽他們，或者有時候則是一點都沒有。它是確切的論題。」

教練試探說：「你認為它站得住腳？」尚恩想了片刻，「嗯，當好幾個人都評論同一件事，就很難否認了。退一步思考，我可以看出他們的重點。我的時程很滿，沒有時間浪費在閒聊上。」尚恩和教練花了更多的時間琢磨報告裏其他的回饋，直到把它精煉成個人資產負債表為止（也就是優點和缺點）。

然後她問道：「你覺得渴望自己下工夫的是什麼？你可以把最大量的能量投注在哪裏？」尚恩回覆得一拍不落：「必然是成為更好的傾聽者。在這一切的回饋中，就是它最讓我煩心，但我不確定這到底要怎麼改善。」

所幸對於他但求帶來的改變，尚恩的教練知道要怎麼幫助他。她已展開了過程中的基本步驟：建立正向的教練關係。雖然尚恩與他人配合的經驗老到，在公司內外都是，但跟主管或同儕建立有效的工作關係，從來就不是優先事項，更遑論是跟直屬部屬。他往往是將工作關係視為達成任務的手段，或是完成案子所需要的資源。

不像其他的顧問，比方他的會計師、律師或醫生，尚恩的教練試圖創造第二、三章討論到那種信任、支持、共鳴的關係。她先跟他建立交情，詢問他的專業與個人行程，並有興趣知道他的故事。她也問了他對他們的教練觸動所渴望的結局，把這個總結在文件裏為過程定調。在後續上課時，她為他的目標和他們共處時間的議程排出了優先事項，並規律問他從對話中獲得了什麼，以幫助他深思。她問的若干問題，是用來幫助尚恩連結他身為人和領導者的最好一面，但她所花的時間絕大部分都是在主動傾聽，並將她所聽到的反映給他。

這個過程使尚恩的教練不僅能認識他，還在更深的層次上連結了他。它也幫忙創造出了心理上的安穩空間，使他能在不受批判威脅下思考與思考。假如尚恩不願跟教練誠實檢視資料，或是對她在場感到威脅或有所戒備，他就不太可能會這麼開放與投入改善本身的缺失。最終尚恩的教練所做的事在於，展示出自己關心他的為人並想要他成功，進而容許信任在教練關係上生根與開花。

任何改變過程都是以任何一種助人改變者與受助者之間的關係為中心。我們在本章後段會回到尚恩的故事中，以探討教練關係和要怎麼建立與培育才會有效的一些基石。我們還會看的是，助人改變者本身的內部準備會怎麼影響互動，以及關鍵如何在於主動傾聽。但我們先探討對於我們力求要教練或助人改變者，要怎麼發展共鳴關係。

如何形成共鳴關係？

啟發人心、有意義的教練時刻與高品質、信任的教練關係不會自行發生。它要靠意向、準備和練習。在它的最核心，像在主管與員工之間，高品質的關係是形塑自二人的持續互動與對話。在嘗試或希望助人時，你身為助人改變者的首要角色，在於促進對方自發學習與發展。有效的發展對話是形塑自我們形成離散連結的品質、深刻傾聽和保持全心全意在場的能力，以及透過有意義的討論給予鼓勵，以啟發對方學習、成長和改變。

我們在魏德海的同事約翰・保羅・史蒂芬斯將珍・達頓（Jane Dutton）和艾蜜莉・希菲（Emily Heaphy）當初所做出的成果加以擴大，以描述高品質連結（high-quality connection，HQC）——正向、相互、短期互動的連結。體驗到高品質連結會讓你覺得有活力、振奮、有幹勁和真切受到關懷。[2]互動中的正向看待是雙向進行，意謂著它是相互為之。雙方所交流的同理心感受是根植在共享脆弱與彼此回應的體驗裏。史蒂芬斯、希菲和達頓提出，底下的認知、情緒和行為機轉，或許可以解釋為高品質連結。

每當助人改變者和受助者見面時，高品質連結就會對他們注入活力，並為較長期的共鳴關係提供成長的根基，一如共享願景、同理心和能量會激發正向情緒吸子和它對各人的復原效應。正向、賦予生氣的連結是確立信任和傳達與體驗支持時所不可或缺。如達頓和希菲所解釋，連短期的人際交流都能產生高品質連結，他們則是透過三個結構面描述：**情緒承載能力**（emotional carrying capacity）、**延展力**（tensility）、**連結度**（degree of connectivity）。[3]情緒承載能力容許共享全副的正向與負向情緒；延展力是指連結透過種種處境和整體情境，進而適應與重整旗鼓的才能；連結度則是在描述連結鼓勵對新觀念的生成與開放程度，像是情緒承載能力與個人和團隊的韌性較高相關；本質上，在關係中共享較多的情緒，有助於人增進韌性。[4]

學者凱西・柯倫和溫蒂・墨菲（Wendy Murphy）表示，要讓助人關係有轉變的衝擊力，連結就需要正向和相互共享。教練或助人改變者和受助者都要對彼此正向相互看待，共享對關係的投入，並同樣受益於觸動與互動。這樣的關係有助於孕育出對學習和改變開放。這常會把教練、指導、甚或是與主管的關係突顯為發展關係，而不是一般的工作關係，或者甚至是純粹由導師提點導生的傳統指導。在它的核心，這樣的關係是發展的聯手，體驗的首要焦點是要刺激和支持學習。這可以是個人、專業或與任務有關的學習，或是這些的某種結合。[5]

我們從研究中得知，與他人互動是透過情緒感染和社會模仿的威力影響個人。這就是為什麼教練、管理或助人關係的**品質**（quality）是重要的考量。對尋求改變的個人和團隊而言，關係會在個人之間形成支持、挑戰、學習與鼓勵的根基。[6]在我們的教練或助人改變者角色中，很重要的是，記得我們會深刻衝擊到彼此的心情與情緒狀態，所以需要注意受到我們的心情或情緒影響的人。[7]

在第三章所提出的意向改變理論模型中，共鳴關係位居中心，並且會影響到持續、渴望改變的各階段，以及從一個階段轉型到另一個。要放在心上的是，發展與改變是非線性和曲折的過程。對很多人而言，它會演化成一連串的走走停停。私人的自我覺察不會自動或憑空發生；否則我們全都會高度體察到自己的感受和背後的理由。工作上的壓力和家人的需求常不利於我們以最好的意向以增進自我覺察與成長。當我們能維持成長過程的努力時，通常是因為有來自一、二人或網路的支持。前幾章討論過，我們稱之為**共鳴關係**，因為它展現了支持、安全、安穩，並對我們灌注能量與動機進一步深思、採取行動和持續嘗試。

我們回到尚恩的故事裏。他的教練做了一件事培育共鳴關係，就是展現懇切的興趣要認識他。她也表達出真切的渴望要幫助他。她創造出了使他能開放與誠實思考的環境，而不用怕受到批判。這為尚恩提供了信任感與心理上的安穩。她鼓勵他說出自身的核心價值與優點，並勾勒自己對它們所賦予的獨特意義。我們在本章會進一步檢視，這就是會孕育出共享願景並釋放出共享正向能量的討論類型，而把教練、主管或助人改變者連結受助者。尚恩看得出教練欣賞和認可他的正向特質，他感覺獲得了解並受重視為一個完整的人，有優點還有缺點，以及提升才幹和獲致成功的才能。在他們的關係中，這個元素顯著激勵了他邁步向前。假如他沒能以全面的方式看待自己的才能，在掙扎下同樣考量到自己的特殊優點，那在對自己想要改變什麼下工夫時，像是改善傾聽的技巧，他很可能就會覺得太有戒心或過於懊喪。

在下次上課時，教練想要明瞭尚恩在與他配合前的典型日常，以計畫幫助他成為更好的傾聽者。她已經獲悉的是，靠著掌管全球各地的財務營運和他的「長」字輩同儕，他的職務就是要支援執行長在策略上領導該全球企業。他跟華爾街的分析師有滿好的交情，並樂於為當季的投資人來電而準備。尚恩的直屬部屬團隊包括了該企業和世界各地種種事業單位的八位財務負責人。

「好比說，我是你的一個直屬部屬，」教練起了頭，「對我示範一下典型日常和我們是怎麼互動。姑且從實體空間開始。跟我說說你的辦公室。我會看到什麼？」

尚恩接續著說：「我的辦公桌面窗，桌上有二台電腦，一台是為了內部的公司業務，另一台是為了追蹤股票作業。前面還有一張辦公桌是朝著門，我的椅子則是位居之間。我在辦公室的時候，大部分的時間都是花在看這些螢幕上。」

「所以你是背對著門？」教練問。

「差不多是。」

「好，」她說，「所以好比說我找你談話，不管是在計畫內或計畫外。那會發生什麼事？」尚恩所描述的場景是，直屬部屬或同儕會站在門口，他則是依舊緊盯著二台電腦螢幕而背對著他們。他解釋說，他很討厭「為見面而見面」，所以對話都保持言簡意賅。他也不喜歡管太多，除非有重要的更新或問題需要解決而對方需要幫助，否則他都認為不大需要見面，將這些討論保持在十或十五分鐘，經常是在對方依舊站著之際就結束交談。

在三百六十度回饋中，尚恩的幹部和同儕表示，覺得他彷彿沒時間見他們，而且無心傾聽他們所要說的話。現在一跟教練對話，尚恩才恍然大悟，他跟他人的關係特質為功能性，純粹是聚焦在任務或解決問題上。在正視這番意會下，他看著教練說：「難怪大家會覺得像是我沒在傾聽他們！他們一定心想我是個渾球！」教練並不認同他的整個自我評估，但她倒是認同一件事。在大部分的時候，他比較注意的都是問題或任務，而不是人，這就是他要能有效領導團隊的障礙。

在接下來的幾個月，尚恩實驗了新行為調整與直屬部屬和同儕互動的方式。他的目標是要與他人建立更好的工作關係。其中包括從辦公桌後面走出來，離開閃爍的電腦螢幕這個重大的旁鶩。尚恩起頭時是在會議室跟人見面，後來則是在他辦公室的小桌前。他排定每月與直屬部屬見面，不設議程。他們可以愛怎樣就怎樣運用時間。他的工作就是問幾個問題，多半則是在傾聽。他有意找個旁鶩最少的地方見面。它起初感覺起來很怪，而且他要對抗它是在嚴重浪費時間的想法。但接著過了幾個月，尚恩留意到，大家對他較為開放並分享了較多資訊。從他們在工作上、甚至是工作外過得怎樣的角度，他更認識了周遭的人，並覺得與他們連結更強了。

尚恩的故事說明，最小的步驟有時候可以如何通往最大的結局，在這個案例中就是從辦公桌後面走出來，對於與人觸動真切感興趣，以及主動對人傾聽。這是因為改變行為，就是要一次一步改變想法與習慣。

但尚恩的故事也關乎共鳴的教練關係，以及發展身為教練能做什麼。連同凱斯西儲大學教練研究實驗室的同事，我們針對過去十二年來的種種情境，集體研究關係內的**特質**。我們是以三要素定義優質關係：共享願景、共享同理心和共享關係能量的程度，就跟我們在與尚恩的教練關係中所描述的大同小異。我們看到了對於一票領導和組織結局，像是觸動、成效與福祉，這三個元素是如何反覆產生強烈、正向的衝擊。[8]

方式就如同著手改變的個人在自身願景輔助下維持改變，教練與受教練者間的共享願景，有助於創造出更大、充滿希望的未來畫面。在他們互動的理由上，目的感取代了目標和任務。不管關係是主管與部屬、師生、醫病還是配偶，有共享的目的感，大過於任務是把時間管理得更好、試著鍛鍊更多，或是規畫全家度假。當二人以上創造出共享願景時，他們連結共鳴而關係更深刻。他們的對話感覺起來會更有意義，而不單是成就短期目標。他們似乎會互相亦步亦趨。

研究聚焦：共享願景和同理心的影響力

在魏德海管理學院，組織行為系和教練研究實驗室的教員和博士生，做了範圍廣泛的研究，以檢視對於在各式各樣的應用中創造正向或負向情緒的能力上，共享願景、同理心和關係能量的影響力。關係中的正向情緒吸子和負向情緒吸子，先以正－負向情緒吸子（positive-negative emotional attractor，PNEA）調查衡量，再更新為目前關係氣候調查（Relational Climate Survey）的形式。[9] 以下是幾項研究的摘要：

- 三百七十五位第二型糖尿病患發展良好的醫病關係，從服藥到治療都要聽從醫生的指示，配合醫師創造出共享願景，以實踐渴望的未來健康，也就是所謂的**遵照醫囑**（treatment adherence）。[10]
- 八十五位資深銀行領導者在二次上課中與教練配合；關係特質是透過二項衡量，分別是正向和負向情緒吸子（PEA和NEA），以及員工教練關係觀感特質（Perceived Quality of the Employee Coaching Relationship，PQECR），並發現優質的教練關係，對於領導者在個人願景、工作投入與職涯滿足上，加大情緒與社會智力職能的衝擊力。[11]
- 資訊科技主管與同業的共享同理心以二種不同的尺度預測了觸動。[12]
- 在針對二百一十八位社區大學校長的研究中，共享願景使教員的部分通向了增進觸動。[13]
- 身為較稱職領導者的內科醫生具有以共享願景為特色的醫病關係，而且這為他們的社會智力職能擴充了衝擊力。[14]
- 當高科技行號的高階主管跟直屬部屬的工作關係是以較強的共享願景、同理心與關係能量為特色時，單位所產出的產品創新比別人要多。[15]
- 當家族事業的關係體驗到較多的共享願景時，接下來五年的財務績效和下一代領導者的發展顯著較優。[16]

- 女兒跟父親有共享願景時，比兄弟更有可能成為家族事業的接班人與執行長。[17]
- 在顧問和製造業中，團隊對共享願景的觀感度擴充了團隊成員的集體情緒職能對團隊成員觸動的效應。[18]
- 在某大國際製造行號的研發部中，當團隊內對共享願景的觀感度較高時，工程師對案子覺得受觸動得多。[19]

真正聯手的根基是浮現自共享對彼此的投入和什麼是有可能，在理性和情緒的層次上都是，而不只是觀念的交流。共享願景會擴散對希望與目的的感受，共享同理心則會擴散對關懷的感受。它牽涉到那種使雙方覺得受到欣賞與關懷的相互關懷與信任。相互或共享同理心（也就是彼此關懷的是人性，而不只是角色）是助人改變者和受助者的黏著劑。促進關係中的希望、樂觀、留心、關懷和玩心，個人就會在自己和試圖啟發和幫助的人身上，啟動正向情緒吸子，而釋放健康的好處和其他的優點，如第三章所討論。

在共享願景與共享同理心以外，其他的研究人員所舉出的額外考量則是圍繞著，教練關係中的什麼元素是顯眼而攸關。艾克朗大學（University of Akron）的學者表示，高品質的教練關係是以四維為特色：關係真切，有效溝通，對關係自在，協作促進發展的程度。[20]另一隊研究人員鑽研了軍事院校的教練關係，並發現交情、信任和投入很重要[21]（在發展教練關係時，要放在心上的關鍵提醒，參見「教練倫理」）。

教練倫理

假如是擔任專業教練，你就必須遵照重要的行為守則。這些行為守則是在確保教練行業秉持最高的專業標準。就種種教練網路的成員身分而言，遵從倫理指導方針常屬必要，所以對於既存的倫理守則一定要變得熟悉。雖然我們沒辦法包含每個教練組織的守則，但發展完備、可公開取得的倫理守則尤其是有二家：認證暨教育中心（Center for Credentialing and Education，ＣＣＥ）和國際教練聯盟（International Coach Federation，ＩＣＦ）。二家組織所建議的行為守則涵蓋的主題像是對客戶的專業操守、利益衝突，以及保密和隱私事項。它們的網站有提供額外的資訊。

但我們也會說，有鑑於幫助他人的人際性質，把倫理考量放在心上，對每個人都很重要。普遍來說，不管是主管、老師、家長、醫生、神職人員等等，任何教練作為都是以四條通行原則為重要根基。第一，記住茁壯是主要目標。重於一切的是，教練首要是瞄準幫助他人實現志向，並成長為最佳版本的自己。借用芭芭拉・佛列德里克森的說法，教練工作的精神在於**擴展和建立**（broaden and build），而絕非操縱或控制。第二，而且這主要是明顯適用於專業教練，務必要訂契約，不管你的工作有沒有受到個人或組織贊助。它應該要是講定的書面契約，並經涉及各方簽名，以明訂角色、責任和期待。也會有用的是，包含教練過程的元素和工作的完成時期。

第三，保密。教練和受教練者的關係可以深刻而複雜。在所有案例中，保密皆為必要。身為教練、主管或助人改變者，你必須維繫個人的隱私權。讓對話保持你知我知也是在示意你值得信任。信任易碎。它可以花上好幾年建立，糟糕的判斷則會使它一分鐘就賠掉（假如你是專業教練，在契約中加入「絕對保密」的用語。在教練邀約的開頭就要討論到，以明訂你會怎麼和透過什麼手段交流資訊）。

第四，知道自己的界線，並在你和所幫助的個人之間清楚保持界線。假如個人要揭露，或者你變得有所覺察，要減少個人或是醫療課題延伸到你的教練能力範圍外，那就轉介給另一位能幫助此人的專業人士。你或許會遇到課題的例子有個人的家務事，像是離婚或者也許是小孩有麻煩；心理健康的疑慮，像是憂鬱或焦慮；財務困難和疑慮；或是違法活動的課題。說到界線，同樣重要的就是維繫專業關係（當然，除非你教練的是自己的小孩或朋友）。這有時候可能會難以爬梳，因為做得好時，教練關係會導致雙方覺得連結而親近。因此對於你所幫助的人，留心（mindful）他的福祉，絕不容許個人感情影響專業。

這些是普遍的指導方針，我們只是當成起點分享，它並不是全盤的清單。最好的指導方針是捍衛進行教練時「不造成損害」(do no harm)。如果你是專業教練，務必掌握倫理指導方針，並且了解潛在的倫理疑慮。

教練心態

身為教練，你的心境跟在教練對話中所拿出的技巧一樣重要。當你覺得內心失衡時，在教練的處境中就不大可能有多少進展。準備再準備就是一切，一如練習。在本書通篇，我們都討論到教練是如何呈現為許多不同的形式，而許多人「教練」他人的一種關鍵方式就是當父母，尤其是圍繞著子女人生的轉型。試想本書的作者之一艾倫在以下的故事，她努力要教練女兒選擇自己的未來。

在瑪琳高中三年級的一個秋天晚上，艾倫教了整天的課，很晚才到家，並發現先生已將晚餐擺在桌上。真令人欣慰！它是漫長的一天，她記得冰箱空了，因為她沒空購物，所以這是可喜的贈禮。為了出席瑪琳學校的說明會，和尖峰時間的交通與公路施工奮戰。

在申請大學和學費說明會中，學校指導老師提出許多細節，使艾倫感到壓力。「申請大學的過程什麼時候變得這麼複雜？」她不禁想說。她也發現自己在想，瑪琳還是小孩時，生活看似有多簡單。「我出席幼兒園的家長會，不就是昨天而已嗎？」「時間跑哪去了？」指導老師審視學生需要遵循的重要步驟，一切從報名最後一輪的標準化測驗、敲定學校名單、申請到撰寫申請論文。艾倫是帶著三頁的筆記和頭疼離開會場。

從白天的飢餓與忙亂中，她跟家人在餐桌前了坐下來。艾倫急著跟瑪琳講話，以分享她在說明會中學到了什麼。她出於真切的好奇問瑪琳：「對於想要申請什麼學校，你有沒有新的想法？」

「有啊，我想是吧，」瑪琳平淡地回應，「可是我想多看幾間學校。」這讓艾倫感到訝異。她們已經參訪幾所大學，而且瑪琳把有興趣的大學縮小至五到七所的名單。坐在廚房的桌子前，艾倫可以感覺到自身的焦慮在上升，而且是在說明會就開始了。話雖如此，她仍提醒自己，女兒八成是對需要做的選擇感到不知所措。

艾倫決定用另一套說辭探詢。她盡量輕聲問：「你的論文怎麼樣了？」大學招生的指導老師所給的建言全都相同：申請一開放，就開始草擬論文，而不要等到最後一刻。基於艾倫搞不懂的理由，瑪琳是很強的學生，卻拖延了整個夏天，似乎不願起頭撰寫論文。聚焦在過程上，她就像是麻痺了。

「我還沒開始，」瑪琳看來有些火大，回說，「等下星期的英文課，我們就會來弄了。」

突然之間，它彷彿是觸碰了艾倫身上的開關。她的不知所措和疲累突然往上衝，化為怒氣回應：「問題到底是出在哪裏？搞了整個夏天都沒開始。停止拖拖拉拉，開始動手寫的時候到了！」

然後就是一片沉默，瑪琳怒視著窗外，艾倫立刻後悔自己說了什麼，覺得懊喪。很清楚的是，互動並不順利，她想要幫上忙，反而幫倒忙。她知道自己剛剛至少錯失了一次機會跟女兒形成正向的互動，並實際鼓勵她在論文上起頭。在容許自己對瑪琳的回應受挫下，她停止了傾聽與同理。

後來艾倫思考，如果再做一次，自己可以如何有所不同。最重要的是，在企圖進入這麼有潛在張力的對話**之前**，她會盤點自己的身心狀態。如果比較具有自我覺察，她會注意到自己累了，並不是在良好的狀況下進行教練或全心傾聽。然後，也許是找另一天，等她和瑪琳都比較放鬆時，她可以再試試看。這次她會回想本身的青春歲月，並試著對女兒在搞懂人生的壓力上比較有同理心。她會試著可以說是走在她身旁，而不是坐在瑪琳的對面，並問較多定錨在正向情緒吸子上的問題。例如問題像是「在大學學習、嘗試和成就什麼會使你很興奮？」，或是「你在學校對什麼科目樂在其中到，會迫不及待要上下次的課？」。這或許有助於為瑪琳開啟新的可能和個人願景，而不是拿會引發內疚的問題砲轟她，否則只會觸發壓力與焦慮，並使她關機得更厲害。

艾倫的教養故事闡明得太清楚了，任何人試著幫助另一人時，對於對話會怎麼展開，根本就在於心境和情緒狀態。接下來我們要分享一些基本的指導方針來確保更留心（mindful）的教練互動。

教練的基礎

我們要舉出三個基礎幫助各位帶入教練互動，心態就在於建立和培育優質的教練關係。第一，**相信個人的改變是一個過程，而不是單一事件**。成長和發展要花時間。追尋新的習慣要靠練習和回饋擴展一己的開放性、覺察與能量，思考和行事才會有所不同。這對助人改變者為真，對試圖改變者或受助者也是。我們全都需要容許自己有犯錯、成長和改善的空間。過程不會在一夕之間就發生，雖然在時間壓力與日常壓力之下，我們經常忘記這件事情。

例如對於女兒的未來，艾倫的努力教練並不是從那天晚上的餐桌上開始。艾倫過去一年都在幫助瑪琳考慮可能會跟她合拍的職涯與大學。所以在試著幫助瑪琳分辨自己想要做什麼和探索適合她的大學時，過程是逐時展開。但在晚餐中特有的那一刻，艾倫陷入了負向並期待立刻就有答案。當我們試著真切幫忙他人時，它從來都不會管用。所幸她和女兒已經建立了一輩子的牽絆，而且艾倫知道只要補足本身的內在資源與均衡，她就能跟女兒配合。

第二，**將教練視為開採金礦的機會，而不是挖土**。《休士頓商業日報》（*Houston Business Journal*）在幾年前所刊登的報導在我們的教練教育和認證學程中成了最愛。[22] 在十九世紀後期，安德魯‧卡內基（Andrew Carnegie）是美國最富有的個人之一。他是來自蘇格蘭的窮移民，還是年輕人時做過許多工作，最終成了國內最大鋼製廠的領導者。卡內基一度有很多百萬富豪是為他工作，在當時相當罕見。為了探究他的祕訣，好奇的記者訪問卡內基，問他怎麼有可能付這麼多錢給這麼多人。卡內基分享說，培養人的方式就跟開採金礦相同。「必須搬開好幾噸的土，才會得到一盎司的黃金。但是，進礦坑是為了找黃金，而不是為了找土。」卓越的教練帶入教練對話，就是在對方或人群身上找黃金。這是常識卻是不凡之舉，而且連出於最好的意向時，最好的教練都可能錯過這個黃金機會。如同在艾倫跟女兒的故事裏，帶著情緒張力使她錯過機會，以幫助瑪琳連結自己的優點並看出本身的獨特天賦，反倒是關上了任何的對話，起碼是暫時。

第三，**對話的議程應該來自於受教練的一方**。這意謂著雖然教練是整體過程的守門人，但過程的根本理由是要幫助對方，而不是讓教練分享自己的建言或經驗。所以要對議程保持彈性，而且他人在哪就去哪見面。知道終極目標並一直忠於它對過程的守門人很重要，但在要怎麼運用一起的時間上，多半要容許個人有權發言和選擇。如艾倫的故事所闡明，一個漏洞在於跟女兒對話的議程是由她所驅動，而不是邀請瑪琳來談，而且由於她沒能查看本身的能量，她在回應時，無法如所想的那麼有同理心。

除了這三項基本的指導方針，確立高品質的教練關係最重要的成分就是要全心在場、活在當下，並留心（mindful）自己還有對方。連最有經驗的教練每次在教練時，都必須對此下工夫。要培育信任和展示支持，一個至關重要的元素就是要密切注意，深入而主動地傾聽對方。我們在下一節會進一步探討這點。

聽出弦外之音

回想一下尚恩的故事，在冗長討論了他的正向回饋後，尚恩的教練是如何問了至關重要的問題：「別的呢？」

此時尚恩就能承認，他也讀了負向回饋，並對它是如何耿耿於懷。「別的呢？」（「跟我多說一點」也是）是我們最愛的發問之一，我們向來都鼓勵學生在教練對話中加進這句話。發問本身是有邀請的效果，因為它對其他人在想法底下的想法表達了興趣。它也傳達了對聽取是抱持著開放，不管它是什麼個人或許不願說的事。發問常常引出的揭露，或許連回答者都會感到訝異。

回想一下，你有哪一次引起了別人的注意，此時你知道此人是完全聚焦在你所說的話上，並專注於了解你的觀念或感受。假如你就像大部分的人，它感覺起來會很棒！你會覺得受到尊重、關懷，甚至是喜愛。在基本的人性程度上，我們全都想要受到了解與欣賞，而當我們花時間傾聽另一個人時，就是在展示我們在乎和重視他們有什麼話要說。

傾聽是幫助我們與周遭他人共鳴的關鍵。它容許人信任，並以此換得感覺受到信任。一在心理和情緒上覺得安穩，傾聽就會鼓勵對方在心理和情緒上覺得安穩，因此對新的觀念與體驗抱持開放。但在職場上，深入傾聽的重要程度，經常不敵執行和展示專長的壓力。

傾聽是用心注意聆聽。[23] 主動傾聽是全心注意對方，並以所有的感官傾聽。主動傾聽的意向是全面了解對方的觀念或訊息，並對他們的觀點示以尊重，即使你並不認同。透過你的話語和非口語提示，你應該要力求傳達出自己不見得認同對方，但首先你想要了解他們的想法和感受，並接受和尊重他們有什麼話要說。

說到傾聽，大部分的人都很掙扎。我們會對人打岔。我們會搶接對方的語句。我們會評價他們在說什麼。在三十秒內，內心的裁判不但會判定我們知道對方在想、感覺和即將要說什麼，而且我們常抗拒不了衝動，要以建議、建言或命令的形式告訴他。

在一九五二年發表於《哈佛商業評論》的重量級文章裏，哈佛商學院的教授卡爾・羅傑斯（Carl Rogers）和羅斯里斯伯格（F. J. Roethlisberger）表示，很快評價我們聽到什麼的衝動，是自動為之和出於本能。它會阻礙傾聽、開放溝通與學習。我們一聽到某人所提出的陳述，就會立刻有認同或不認同的傾向，而且反應不只是針對此人說了什麼，還有我們本身所回應的想法。當深刻的感受出現在對話內時，我們的反應就會帶著程度強烈的情緒。隨著脾氣與情緒高漲，造成對話結束，任何學習或了解的希望也跟著停止。[24]

在教練中，傾聽可能會發生進一步的瓦解，很矛盾是因為教練的根本工作就是要實行自我覺察與情緒的自我控管，尤其是在傾聽時。但這可能會是雙面刃。這樣的自我控管並不容易，而且在教練主動抗拒發言的衝動下，**教練過程中**可能會啟動負向情緒吸子。

最好的教練真的是優秀的傾聽者。但身為人類，我們全都很容易心有旁騖。我們會掉進本身的想法，而且我們固然自認在主動傾聽他人，卻常常預期自己接下來有什麼話要說。在傾聽的能力與興趣上，我們的程度很表層。我們是傾聽在腦海裏上演的對話，而不是全心在場傾聽對方。

主動傾聽要靠相當的意向（意圖）、努力與能量。它是始於深刻而真切的自我覺察，了解自己是誰，以及我們要為教練互動帶來的是什麼。它包括了覺察自己的偏見。套用完形心理學家羅伯・李（Robert Lee）的話：「我們的假定和刻板印象會形成我們是怎麼聽人說的過濾器。我們並不是從他們是誰的立場聽他人說。是透過我們**認為**他們是誰的過濾器聽他們說。所以為了讓自己保持誠實，並使自己能抱持開放全心傾聽面前的人，在電腦螢幕或電話上有什麼話要說，覺察自己的內隱偏見不可欠缺。」[25]

研究聚焦：專心的傾聽者

在鞏固正向和生成的教練關係上，強化當專心傾聽者的覺察與技巧有它的好處。研究員蓋・伊茲查柯夫（Guy Itzchakov）和艾維・克魯格（Avi Kluger）所做的好幾則研究，牽涉到專心和心有旁騖的傾聽者。在一則研究中，一百一十四位大學生隨機與專心和心有旁騖的傾聽者配對。當講者覺得受到專心的人傾聽時，比起跟心有旁騖的傾聽者配比，他們所表現的自我覺察較強、焦慮較少、態度較清晰。比起跟心有旁騖的傾聽者配對的人，他們在優點與缺點上都能思考較深。他們表示衝擊到討論主題的因素也比較複雜或多面。他們能想得較為全面，並構思到較高的程度。從研究中得出見解的研究員倡導說，專心、同理的傾聽會鼓勵他人覺得放鬆、比較自我覺察，並擴大他們在開放思考上的才華。

資料來源：G. Itzchakov and A. Kluger, "The Power of Listening in Helping People Change," hbr.org, May 17, 2018.

深入傾聽是靠覺察到對方延續。以所有的感官傾聽，意謂著我們聽到、看到和感覺到對方分享、說明和體驗了什麼。我們把話聽進去，並專心在情緒和非口語暗示；我們體會用語、臉部表情和語調；我們看到眼神亮起來、眉頭皺起來，以及在椅子上坐立難安；我們聽到口吻、講話速度和呼吸的改變，全都是為了試圖理解和維繫安穩、支持的空間，讓人思考和學習。

在助人關係中，為了對另一位個人感同身受，教練或助人改變者所依賴的一項內心資源就是同理心。同理心代表我們能為另一個人（或群體）設身處地著想，並想像個人正看到、想到和感覺到什麼，彷彿我們就是那位個人，同時卻意會到自己並不是。我們來自哈佛醫學院（Harvard Medical School）的同事海倫・萊斯表示，我們天生就會同理，所透過的**鏡像神經元**（mirror neurons）則是前運動皮質中特化的腦細胞。她解釋說：「在探索到之前，科學家普遍相信我們的大腦是用邏輯思考過程以詮釋和預測其他人的行動。我們現在相信，這些神經『鏡像』和共享電路使我們不只能夠**了解**別人在想什麼，也會**感覺**他們感受到什麼。」這些特化的神經元容許我們在認知上連結他人，構成萊斯所稱**共享心思智力**（shared mind intelligence）的基礎，等同是認知波長跟另一個人相同。[26]

同理有認知、情緒和行為三個不同的面，會促成強化我們在助人關係中的牽絆或連結。[27]

認知同理（cognitive empathy）牽涉到在概念上了解另一個人的視角，並援引牽涉到分析式處理的神經網路。它會觸動分析式網路，使我們將注意力聚焦在蒐集資訊上，以構成對人或處境的全面圖像，並致力學習和吸收他的視角。情緒同理是能在情緒上與另一個人切合，並感覺到他感覺到什麼。例如這可以是同仁得到賣力工作所要的那份升遷時，你所感受到的興奮，或是當死黨的母親意外生病過世時，你所感受到的難過與沉重。情緒同理會啟動情緒大腦中心區，或是同理式網路。當我們看到自己與另一個人類似時（例如在相同的故鄉長大，在高中從事相同的校隊運動，共享相同的宗教或政治看法），比較容易切入情緒同理。當二人之間差別很大時，它常常就不是那麼立即或出於本能。

行為同理（behavioral empathy）是同理的第三面，它也稱為**同理關切**（empathic concern），因為它是以某種方式幫助另一個人的回應動機。它是整合我們的思考與感覺，以推進我們想做某事的時候。當你感覺到內心拉扯，要求你以行動幫助另一個人時，你就是在展示同理關切。

端看教練的獨特秉性，對於教練或許會運用的情緒展現範圍，個人或許會回應得有所不同。在情緒上有所體察會創造出情緒連結，而分析式方法或許會使個人覺得，教練比較感興趣的是解決所觀感到的問題。沒有一種方式是最好。在現實上，要真正幫助他人，我們就需要利用所有形式的同理：能使自己體察他人、了解他人，願意當一個主動的參與者，以幫助他人在旅程中發展和改變。

但那些掙扎於好好傾聽的人有希望了！傾聽是可以培養的藝術和技巧。亨利・金西－豪斯（Henry Kinsey-House）和凱倫・金西－豪斯（Karen Kinsey-House）連同同事菲力普・桑達爾（Phillip Sandahl）與蘿拉・惠特沃斯（Laura Whitworth）表示，使連結和教練關係成形的傾聽有三個層次：[28]

- 傾聽層次一是**連結層次**（connection level），牽涉到傾聽他人並判定他們的話對我們私人意謂著什麼。傾聽者強調向內的焦點；這個層次的傾聽有用的是，在私人的層次上連結對方，以確立對話的共同點。
- 傾聽層次二是**聚焦層次**（focused level）。這個層次牽涉到給對方全心的注意力，並展示同理心與直覺，以深入了解和連結我們所互動的人。
- 傾聽層次三是**綜合層次**（global level），牽涉到以所有的感官傾聽，而不只是對話語。在繼續給對方全心的注意力之際，我們要為自己聽到什麼賦予更全面的情境，並考量到更廣大的環境和除了所分享的事以外，沒說出來的是什麼。

層次一的傾聽容許我們連結其他人，這是職場上一直在發生的傾聽，我們在人脈活動中結識某人，或是一起開團隊會議。一個人講到他在湖邊小屋的週末。你剛在外地度過週末，所租的小屋就在相同的湖邊，最後你們針對在當地最愛的餐廳交換了意見。這很顯著是因為，連結他人為我們的專業與私人關係構成了基礎。但教練要有效，我們就需要超越僅靠連結，而走向層次二和層次三的傾聽。為了確立高品質的關係並真的有幫助，我們需要將身子往前，以所有的感官傾聽。

我們舉出另外二個簡單的訣竅，幫助各位保持專心，並將傾聽做到最棒。還記得「八十／二十法則」（80-20 rule）。身為教練、主管或助人改變者只說百分之二十的時間，百分之八十的時間留給對方說，有助於增強焦點放在對方個人身上。另一個最愛是縮寫「WAIT」，意指「為什麼是我在說？」（Why am I talking?）。假如你發現自己說話占了很多時間，你就不是在進行教練了；如果你不是在說自己的故事，就是在教導、管理或指示對方。記住WAIT，你就能將自己留在正軌上。假如你逮到自己說得太多，就以發問移開焦點，把時間留給對方。

我們希望各位在本章找到了有意義的內容和實用的訣竅，以幫助各位努力建立和培育高品質的助人關係。在第八章裏，我們會探討組織要如何力求透過各種方法建立教練文化，包括同儕教練、主管教練和運用外部教練。

第七章學習重點

一、任何發展關係都是以教練和受教練者，或助人改變者和受助者的關係為中心。關係需要共鳴才是高品質，意謂著它是以全然正向的情緒氛圍、共享願景和共享同理心為特色。

二、在力求教練或幫助他人改變時，要以教練心態帶入關係。改變是過程，而不是事件，所以要花時間。相信每個人身上都存在著黃金，你的主要工作是幫忙搬開好幾噸的土以找到寶藏。保持聚焦在對方身上，而不是過程或問題上，讓對方驅動，而不是你。

三、在建立高品質的助人關係上，教練方面的深入、主動傾聽是根本而不可或缺。

思考和應用練習

一、在下週左右的歷程中，留意你跟他人的對話。註明其他人有沒有和是怎麼傾聽你，以及你是怎麼傾聽他們。針對各人是如何彼此傾聽，註明在這些對話中所浮現出的任何形態。

二、在通勤期間（假如你是開車的人，我就不推薦了），或是白天另外某個早早的休息時刻，想想看在當天早上與配偶、伴侶、子女、父母或室友的互動。你講了什麼？你傾聽得有多好？你有沒有聽到他們在說什麼和覺得怎麼樣？

三、每天聚焦於一場工作上的對話，不管是團體會議還是一對一對話。然後在事後跟此人談，將你聽到並覺得他試著在溝通什麼告訴他，對照看看他指的是否就是如此。

對話指南

一、在讀書會或一群同事中，討論你對共有會議的觀察。你在會議中有沒有觀察到，眾人似乎是主動傾聽並對他人專心？你在相同的會議中有沒有觀察到，不管理由是什麼，眾人似乎是心有旁騖或對他人不專心？你的觀察對會議的產能有何影響？對眾人之間的關係呢？

二、想想跟上述活動相同的會議，是不是有人似乎說教或**自己講個不停**，而不是**對談**？這種行為或關係突顯了什麼？這種人與在相同會議中專心傾聽的人比較，差別在哪？

三、討論上次是麼時候，你在對話中（可能是跟配偶、伴侶或同事），覺得對方**似乎**有注意但似乎沒有真的在聽，這使你感覺如何？

第八章

創造教練或幫助的文化

轉變組織的途徑

人才管理與人資資深主任傑夫・達爾納（Jeff Darner）最早將教練引進富俊（Fortune Brands）的公司摩恩（Moen）時，所面臨的過程慢到離譜。如他所說，高階主管「不習慣問人感覺如何」。[1] 再來，摩恩的主管已經覺得要完成日常工作的時間緊迫，而在已嫌冗長的清單上，將發展對話視為又一件任務。透過訓練與對話，氣候一點一點變了。主管曾經覺得沒時間彼此交談，更遑論是傾聽，現在都花時間這麼做了。他們甚至表示，在大廳裏和開會後，主管之間和對於幹部成員可觀察到的日常、非正式教練時刻。

這就是我們幫忙要在工作的組織裏所創造的那種教練文化，現在則試著靠本書擴展這樣的學習。特別是當眾人透過正向情緒吸子的教練方法學到助人的技巧時，有效的教練文化就會在組織裏發展。

在其他的場域中，家人或朋友之間或是社區內，發展常規以幫助彼此成長；學習和對新觀念抱持開放，有助於我們適應變動的世界；這樣的關懷有助於建立或維繫更有共鳴的關係，而如我們所解釋，協助別人靠的就是定期將他們帶進正向情緒吸子裏。雖然我們將本章的討論聚焦在工作組織上，但所有的重點和例子，也適用於在我們所提到的其他場域中創造發展的文化。

將教練法引進職場

當然，對組織而言，相對來說引進教練法仍是新嘗試。教練法雖然在一九六〇年代末和一九七〇年代初引進企業，但直到一九九〇年代末和二〇〇〇年代初才確立。我們還在探索許多形式的教練法，並想辦法使它更完美。不過，我們所學到的一件事在於，教練關係是關鍵所在，尤其是考慮到組織需要能激勵和觸動他人的共鳴領導者時。我們也知道，教練可以為組織裏一定的特別與風險團體提高專業展望，像是後起的領導者、弱勢團體和女性。這在家庭裏管用，對於覺得受到排擠或莫名邊緣化的人也是。

例如我們知道在美國，女性所得到的教練機會不如男性。然而女性「是面臨相異的個人與組織現實」，教練可以幫助她們因應，我們的朋友與同事托雷多大學（University of Toledo）教授瑪格麗特・霍普金斯（Margaret Hopkins）和寶林格林州大學（Bowling Green State University）教授黛博拉・歐尼爾（Deborah O'Neil）表示。我們跟瑪格麗特和黛博拉討論過多次，有一次她們註明說，女性在領導角色中依舊是人數偏低和平均薪資偏低。因此，教練可以為職業女性提供安身立命之處以應付課題，像是在男性支配領域中的職涯晉升，以及思考工作－生活的整合。她們也發現，研究人員力薦對女性和弱勢族群，都以教練幫助他們找到獨特的發聲管道，並透過組織結構拉抬。各位可以看到，類似的趨勢或許也出現在我們的家庭與社區。

但提供教練向來並非易事，尤其是在起初，如傑夫・達爾納在將教練導入摩恩時所發現。而且連在教練導入組織很久後，它也可能帶著挑戰，如妮露法・戈茲（Niloofar Ghods）在成為思科系統（Cisco Systems）教練作業的領導者時所探索到。她接下職務是期盼為思科成千上萬的高階主管與專業人士提供各式各樣的發展選項。她卻不知道自己的首件任務，是盤點已具備到多如牛毛的教練建制。思科花了成千上百萬元進行教練，但在公司和人員所請的教練上只能占到小小的比例。如妮露法所描述：「我必須清一清屋子。」[2]

從《財星》五百大公司許多學習與發展高階主管的口中，我們聽過相同的故事。他們就像是妮露法，發現必須以調查和記載有多少教練正由誰在實施起頭。來到此刻，他們會審視最好的方式讓人洽詢教練。再者，確保始終如一的教練品質和管理費用會是一大挑戰。為了因應此事，妮露法為思科所請的全體教練訂定訓練和認證程序，內外部皆然。

但比起顧及和提供最好的教練，其他的組織所面臨的發展挑戰則要複雜得多。艾美・葛拉柏（Amy Grubb）是在為聯邦調查局（ＦＢＩ）的二萬五千人協調幹部發展（有時包括教練在內）。為職務本身增添壓力的是，聯邦調查局的領導者天天都在聚光燈下。他們必須以完美之姿示人，同時在真相、正義和黨派政治的要求上八面玲瓏。雖然在新的高階主管到任或將某人轉調時，聯邦調查局就會自動請教練，但艾美也訂定使領導者能在需要時聘用教練的方案。不過當聯邦預算變得較緊時，她開始鼓勵透過正念練習（mindfulness exercises）多加「自我教練」。[3]

如這些例子所闡明，創造有效的教練文化必須靠成套的管理技巧和用心分辨，一切從評估整體的需求和管理洽詢教練，到（有時候要）集中教練的訓練與認證以確保品質。我們在這些例子中，也看到在組織中給予教練服務的三種基本方法：（一）鼓勵並訓練同仁以配對或團隊進行同儕教練；（二）提供洽詢內部或外部教練（受過專業訓練擔任教練的人，而且一般是經過某個專業團體認證）；以及／或者（三）教育並培養主管和資深領導者，為直屬部屬和他人提供教練。接下來，我們依序檢視這三種方法。

同儕教練

在組織中打造教練文化所使用的方法，就是同儕教練。在以同理心助人或教練常規導入家庭、團隊、社會團體甚至社區時，它也是有益的方式。這當然是行之已久的過程；我們以往都稱之為「交朋友」。可是很多人發現，我們現今沒有多少時間面對面直接交談，連對最親近的朋友也是。我們過於依賴臉書（Facebook）的動態更新、簡訊或電郵，而失去機會發展或維繫更深的情緒關係。

同儕教練是正式以私人、支持的連結互助。觀念是由二個以上地位相對對等的人湊在一起，在私人與專業發展上彼此幫助，所運用的思考過程經常牽涉到回想有意義的插曲或與眾不同的時刻。我們的同事凱西・柯倫、艾琳・魏瑟曼（Ilene Wasserman）、波莉・帕克（Polly Parker）和提姆・霍爾（Tim Hall）將幫助的過程描述為動態，同儕教練的主要目的則是「以清楚的界線加強向目標導引的相互學習」。[4] 當所涉及的人，將事件各自視為一種活生生的個案研究時，審視工作上的特定事件儼然是最有幫助，所以一個人要選出工作上相對重要的事件，向對方的個人或群體提出，並一起腦力激盪它是怎麼走，以及或許可以有什麼別的選項。這樣的審視模式被視為比較有價值的是牽涉到同儕互相交談和幫助時，而不是同儕受到專家或「上司」所引導，可能會感覺起來像是強加另一個層次的「應當」的我，然後刺激出更多的負向情緒吸子。

當牽涉到的人不只二位時，此時就有了同儕教練團體。在幫助人改變行為上，最成功的同儕教練團體之一就是戒酒無名會（Alcoholics Anonymous）。[5] 戒酒無名會所產生的公信力是來自同儕面向，眾人放下正式身分的差別，而以相等的立場交談。它使人能以可能感帶入最難改變的行為之一，那就是成癮。所謂的聚會成員會在見解、啟發與慰藉上彼此依賴，知道各自都「來過」，使討論可信又誠實。

同儕教練可以是正式或非正式，而且所牽涉到的人可以來自組織內外。這些關係本身常會維持很長的時期，因為眾人會發展出深刻、共鳴的關係，牽涉到相互關懷與同理心，共享願景與目的，以及鼓舞、有幫助的心情。

起碼從組織的立場來看，同儕教練給予另類之道，為許多主管與員工提供幫助，並能通往非常正向的文化常規。尤其同儕教練為組織提供很棒的方式天天實踐教練，並使它從主管往下擴及員工。

但同儕教練究竟是怎麼運作？由於同儕教練團體往往強韌，並且會孕育出有意義的方式，讓同儕或家庭成員彼此扯上關係，所以團體常會刺激出那種正向的情緒感染，而引領他人透過社會模仿帶來正向的改變。在這層意義上，同儕教練團體可以成為新的支持形式，在最好的情況下則是大家庭。這一切最終會通往改善組織的常規。此外，同儕教練固然可以用在促進組織的文化變革，但有時候到頭來，卻是文化本身至關重要的一部分。它可以比較重要的是，其他形式的訓練可能會因為其他的主題和參與者而在實踐教練時造成旁騖與分心。同儕教練則提供了專屬的社會場域，讓團體的成員探索彼此幫助。[6]

同儕教練能採行的樣式也很多。在凱斯西儲大學的課程裏，我們會請眾人發展出私人董事會（personal board of directors，簡稱私董會）。這項演練不但有助於眾人增進對關鍵關係和支持來源的覺察，也為他們提供了能會同查核進度的現成人員名單。我們的同事莫妮卡·席根斯（Monica Higgins）和凱西·柯倫將類似的組成稱為**發展網路**（developmental networks）。[7] 她們力薦在網路裏要有若干的關鍵人員，並運用他們個人或一起持續探索私人與專業成長。

在同儕教練中，一如訓練有素的教練所實施的教練，關係是關鍵所在。組織的工作全部是在網路裏發生，各人都連結了他人，而且一個人的行動就會衝擊到別人。當眾人透過同儕教練的關係，以有幫助、支持和有意義的方式一起工作，員工就會得到支持創新、適應、表現，甚至是過更健康、更可長可久的日子。在信任同儕教練關係的安全網中，眾人會交流支持，以現實檢驗觀念，並詮釋事件的共享意義。參與者要稱職，就需要某種形式的思考和自我覺察，還有對彼此的大量關懷與同理心（關於要怎麼發展出高品質的教練關係和精進教練技巧，更多的資訊參見「培養在組織裏的教練技巧」和第七章）。這些元素是促進意向改變和孕育學習的情緒黏著劑。與任務小組對照的是，這些團體的目的**在於**關係和情緒羈絆。我們的朋友和同事凡妮莎·杜魯斯凱特及克里斯·凱斯（Chris Keyes）針對企管碩士學習團隊所做的研究，說明在學期中產生最高成績（也就是任務績效）的常規，跟在一學期後產生最多學習的常規幾乎是相反。[8] 一個例子就是，拿到最高成績（任務績效最好）的團體是避免討論衝突，像是團隊成員參與度不均或渾水摸魚（有些人是沾光他人的工作，而沒有做公平的比重）。但企管碩士覺得**學到最多**的那些團隊，則是公開討論這些和其他的衝突，並試圖化解，使他們長期的表現得更好。

警語：有時候同儕教練可能會走向「黑暗面」，並聚焦於負向情緒，尤其是同儕教練團體。畢竟對主管的訓練之道在傳統上就是如此，將注意力導引到辨認問題和解決問題上。這樣的方法在某些方面的確有幫助，但說到人力發展時，就不是非常有效了。我們在本書通篇都說明過，聚焦於「解決問題」的教練方法，或許看似有效率，但所忽略的事實在於，思考和激發對問題的感受會啟動負向情緒吸子，繼而就可能會關閉人對於新觀念和新可能的想像力。認可問題存在跟花很多時間思考和談論它，二者相當不同。對於機會，它會負向定調，造成人在負向的泥淖中打滾，並覺得卡住而愈陷愈深。為了將團體走上負向的可能降到最低，團體定期向教練報到或在團體促進中，要求特定的訓練是好主意。

等到正向的同儕教練成了組織內的常規，我們的朋友暨同事法蘭克・巴瑞特（Frank Barrett）告訴我們，它就會「改變社會紋理」。[9] 法蘭克指出，為了擁有和留住朋友，我們需要「不預設時間，反覆互動，並覺得安穩」。他提醒我們，亞里斯多德說過，朋友是社會的鑰匙。[10] 編織社會紋理也是相同的道理。這會改變在組織和這些關係裏是意謂著什麼。

培養在組織裏的教練技巧

培養教練技巧是依照持續、渴望改變的步驟，像是意向改變理論描述：

一、首先檢視對未來的個人願景，並研判你對於幫助他人或任何形式的教練渴望到什麼地步。

二、等發展出包括教練在內的個人願景，盤點你的才能，以確立有效的助人關係。對大部分的人而言，參與訓練常有助於擴大了解教練的角色，並提高你的技巧，不管你是希望成為更好團隊教練的主管還是同儕教練。這在理想上應該要包括規律評估和回饋，而且或許會牽涉到面對面訓練、線上課程（非同步像是大規模開放線上課程，同步則像是現場、互動式的網路研討會），或是這些選項的某種結合。假如企求成為專業教練，你就需要投資可觀的訓練以培養必須的技巧。

三、辨認出目前是以你渴望學習的方式在從事教練的專業人士，然後在稱職的教練或同儕教練團體旁見習。這是目睹教練運作的重要方式，而且你可以與教練討論分享個人想法，以印證你的觀察。

四、教練過程是由眾多的元素或階段所組成。其中，或許包括以發問和行動，將受教練者帶進正向情緒吸子而不是負向情緒吸子的情境。因此，對於你在教練過程中所不熟悉的面向就要加以實驗，之後思考各項的學習努力與可信他人的回饋。

五、以練習接續實驗，也要包括思考與回饋。

六、重複第四和第五步，直到達成自在的程度與精熟感為止。

新的社會認同團體

同儕教練團體的許多好處之一在於，它常會蛻變成所謂的**社會認同團體**（social identity group）。[11] 以我們所鑽研的一項領導學程為例，一群醫生、護理師、工程師、教授和院長在二十位左右（其中許多人在行業裏是擔任高階主管的職位）。在四項完成學程後所做的一年、二年和三年研究中，他們表示，連同行為與職務的重大改變，他們彼此都發現了新的參考團體。他們在每天的生活裏最親近的人大部分都想要他們將正在做的事繼續做下去，並常發現所討論的重大改變了造成威脅，但這些參與者告訴我們，學程中的群體依舊是能談論夢想與未來的朋友。

這個群體是演化自高度創新的學程，魏德海管理學院的專業人才（Professional Fellows）

創造機會讓高階的專業人士以最高學位繼續發展。運用參與式教學，該班聚會一年，一週一次，在晚上開研討會，加上各月一個週六是比較私人的發展形式。參與者訂出新的個人願景宣言，並花時間學習「教練」彼此，將願景轉化成人生接下來幾年的學習計畫。[12]

許多高階主管學程和研究生學位學程，都有這種自發創造出的社會認同團體。要說明的是，這些關係並不是發展於共享的折磨與艱困體驗，像是戰鬥營。如我們在前幾章所討論到的有效教練關係，正向情緒吸子的活動幫助了他們湊在一起，深入了解彼此的夢想。他們關心彼此和他們的發展、他們有共享的願景、同理心和能量。這些強韌的共鳴關係，得自正向的情緒感染和共享。

同儕教練的傳統

當然，對組織而言，這樣的同儕教練團體並不新。在一九六〇和一九七〇年代，同儕教練團體常稱為**支持團體**（support group）或**訓練團體**（training groups；意指敏感度訓練團體）。在一九八〇年代，品質圈（quality circles）和其他形式的員工參與團體成了流行趨勢。到了一九九〇年代，這蛻變成了自我管理與自我設計的工作團隊，而在二〇〇〇年代初，眾人則開始在組織裏實驗學習團隊與讀書會。

這些形式全都有好幾件共通的事。第一，它們是非正式形成、自願的同儕團體。第二，它們的目的是讓成員在生活、工作與學習上彼此幫助（這是主要的目的，即使各次聚會的一部分是在吃吃喝喝）。第三，成員是自行訂立議程和自我管理過程（也就是沒有引導者〔facilitators〕）。

當團體如膠似漆，眾人感受到交情時，它就成了新的社會認同團體，成員會期盼聚會。關係蔓延到了這些聚會以外的其他場域，使眾人在工作上成了朋友與親近的同事。當團體的成員全都在相同的組織裏工作時，他人就會觀察他們在聚會外的新互動方式。假如情緒感染擴散，新做法就會變成組織的新常規。

結合二股力道供應成長的能量，而驅動了同儕教練：**可得到的教練**對象更廣，而不只是高階主管，並且**有歷久不衰的過程**。亦即在上課、訓練方案或活動完成後的三到六週，團體中所形成的關係和感覺常常如同常規並沒有消散。它延續下去了！可觸及教練團體使組織裏的數萬人得以受惠於教練和發展。而且公司或政府機關就不必花錢聘請數百位教練或顧問了。

我們或許可以將擴大同儕教練，想成是組織的終極發展活動。它是把「主管即教練」的焦點，延伸到每位主管、專業工作者、行政人員或生產線人員身上。一般而言，或許沒有付費教練，而這所蘊含的潛能，就是讓教練成為組織發展的一環。如此一來，任何同仁都能成為同儕教練，將教練擴散到整個組織。對個人而言，同儕教練團體可當成私人董事會。因此在所有的方法中，同儕教練或許是最有指望能在組織裏建立可長可久的學習與發展文化。

更確切來說，有一則研究說明在企管碩士學程的期間，參與這樣的同儕配對，引領人們在工作上組成和運用配對，連在多年後也是。由帕克、柯倫、霍爾和魏瑟曼所做的研究，為在組織內創造同儕教練的模型提供基礎，不管是配對還是小團體。首先，配對構成了基於建立正向關係的「扶持環境」(holding environment)；其次，它下工夫所創造出的成功在於，解決參與者在工作上所體驗到的問題；最後，組成完備的同儕教練配對或好幾組配對的結合會成長為小團體而滲入組織文化，進而內化同儕教練的技巧和風氣。研究人員發現，在發展同儕教練時，共享目的是致能所有階段的載體。[13]

同儕教練的持續度會以許多不同的形式彰顯。例如在舊金山的灣區，庫寶（Coopers & Lybrand）的一群女性合夥人決定，每月聚在一起談論生活與職涯。她們是從八位成員開始，並擴大到十二位。這個非正式團體聚會了多年，甚至是在某些成員離開和新人加入下。她們找出同儕（某行號在當時屈指可數的其他女性合夥人）幫助彼此。她們的主題範圍從特定的案件建言到職涯諮商，從私人幫忙到針對工作環境中的關切事件分享觀念。在同儕彼此幫助的例子上，它棒到讓《商業周刊》(*Business Week*) 做成封面故事報導。[14]

再者，不管是醫學或法律學位、企管碩士或博士，任何在研究所成功過關的人都知道，組成讀書會和一起運作是求生的技術。我們親眼看到，高階主管MBA學程經常是如何透過讀書會學習，而且高階主管表示對這樣的活動樂在其中。另一方面，傳統的企管碩士生表示討厭團隊運作，除了是以學習團隊運作為目標的學校外，像是凱斯西儲大學。我們相信，這番常見的態度是因為，傳統的企管碩士將臨時團隊的運作視為有待成就的任務，然後就要往前進了（偏重分析式網路、負向情緒吸子）。同一時間，高階主管企管碩士常是對所有的課程和整個學程，都以相同的讀書團隊運作。學習幫助彼此，並將他們的關係視為讀書團隊的目的之一，對成員是有好處。因此不足為奇的是，許多人都表示對團隊運作樂在其中。

假如你從沒體驗過這樣的大學學程，你起碼很可能在像是《金法尤物》（*Legally Blonde*）的劇情片，或像是《力爭上游》（*The Paper Chase*）、《謀殺入門課》（*How to Get Away with Murder*）的電視影集提到觀念。在我們的正向組織發展（Positive Organizational Development）學程中，碩士校友蘿莉・奈斯萬德表示，他曾和二位同學組過這樣的團隊。他們將團體命名為「美酒加影片」，在週五晚上帶著一瓶葡萄酒聚會，觀看與上課有關的指定影片，並討論習題和讀物。

試圖建立情緒與社會智力的學程常使用同儕教練（peer coaching），因為學程負擔不起聘請專業教練的成本。在凱斯西儲大學企管碩士的情緒與社會智力發展課程中，我們的其中一人艾倫在運用同儕教練時，都是連同一對一的個人教練以提升學習。但在工學院，同儕教練成為大學部課程的一部分。艾倫為學生提供同理心教練法的簡短訓練，焦點在於同理的傾聽，並將他們編成同儕教練的三人組。學生要練習怎麼當教練，還有體驗從支持、發展的關係中受惠感覺起來像是怎樣。有技巧的導師教練會批改各三人組的習題，並在需要時提供任何的引導。

有些同儕教練團體會生存及成長好幾十年。一九七四年時，理查與克里夫蘭地區的牙醫專業人士讀書會聚會，以能在專業發展上幫忙。過了二十年，從波士頓搬到克里夫蘭後，他們找到了他並再次跟他聚會。他們持續見面，而且大約過了四十五年，該會仍在舉行。讀書會蛻變成為包括配偶隨行的社交活動，還有專業發展。

我們在同儕教練上的新招數

我們力主，同儕教練運用起來會最有威力的是五至十二人的小團體，並運用練習觸動或引發正向情緒吸子。如同前述，運用偏重正向情緒吸子的活動和團體常規會幫助成員比較開放，並感受到團體所能提供的情緒鼓勵。要說明的是，對於要怎麼強調正向情緒吸子，它或許必須對人施以一些技巧上的訓練。

在發展本身的同儕教練團體時，我們力薦起步要小。柯惠（Covidien）伊比利部門的人資主任卡洛斯・德波諾拉・托瑞斯（Carlos de Barnola Torres）說，他們公司在為同儕教練起步時，是要大家找另一人開始交談。卡洛斯強調，要習得發問和幫助的技巧，而不只是找專業人士、內部教練解決問題。過了一陣子，他要這些配對去找另一組配對。他們組成了四人組繼續對話。教練就能立即退出對話，四人組則繼續聚會幫助彼此。如此一來，公司就能創造新常規。

運用內部和（或）外部教練

組織著眼於聘請教練時，必須先決定要從外部或內部聘請誰，而且有時候公司會選擇雙管齊下。[15] 內部選項或許可以從內部訓練方案開始，看教練要怎麼當才會比較稱職。很多人在起頭時，會接洽某種形式的教練認證單位，並分成二種。在教練上提供認證形式的團體最盛行的就是大學和培訓公司，藉以「認證」人員學會機構特有的教練態度、技術或方法，這些單位所宣稱的鮮少超出這點。這樣的認證會不會為擔任教練的實務或才能增添價值，要由客戶判定。這些方案有少數獲選的是，實際上發表過研究說明它的衝擊力，但大部分並沒有；它們的證據來自於公司或政府機關（也就是客戶名單）的推薦和使用。

第二群包含由協會或公司「認證」，人員是可信的教練；這是建立在該群職能模型上的認證。目前在這些當中，最大的有國際教練聯盟（ICF）、世界企業教練協會（Worldwide Association of Business Coaches）和認證暨教育中心（CCE）。不過，並沒有發表過的研究可以說明特有教練的哪些職能或特徵，使他們比其他人稱職。這些協會和公司所給的認證，並沒有任何實證的證據，顯示模型實際上很管用，。雖然做了研究，但它常是某種形式在顧問圈為人所知的態度或意見調查，像是德爾菲法（Delphi technique）就是目前的教練宣稱自認什麼管用。可惜的是，這樣的方法在其他的領域中，反覆顯示會創造出平庸的標準，並排除掉一定的團體。[16]

這對組織造成了兩難。假如使用現有的認證，它是在確保什麼並不清楚。但它們需要以某種方式得知，某人是不是值得聘請。最好的方法也許是從私人推薦、正式教育和認證中找出證據。用這樣的方法盡量提升教練的品質，可以幫助尋求教練的人，了解自己會得到可能的最好發展，而不是交給「教練客服中心」(coaching call center)，或能力較差的教練團隊。

要花時間了解的特殊情形下，內部教練或許有幫助。例如：當美國排名第二的醫院克里夫蘭診所（Cleveland Clinic），想培養更多內科醫生擔任總經理，它主要找上的就是內部教練。該診所是美國最大的醫院之一，發展高度有效的病患體驗方案改變文化，同時它正在許多城市和好幾個國家迅速收購醫院。克里夫蘭診所的這些面向各自都不獨特，但結合起來卻形成少有專業教練遇過的處境。運用教練的積極方案，幫忙將醫生、護理師和幹部培養成為稱職的領導者。這個擴大的領導庫（leading pool），把創舉和成長帶進了許多地區。

是主管，也是教練

克里斯・貝爾（Chris Baer）是萬豪國際學習與發展（Marriott International Learning and Development）的領導發展與人才體驗副總裁，為創造教練的文化採取不同的方法，也就是培養主管擔任教練。特別是他導入系統方案，「對主管灌輸教練的心態，以領導高績效和懂得適應的團隊」。[17] 克里斯的目標是要將主管的思考轉換成提供「發展回饋、孕育協作……和即時的專業發展」不等。方案牽涉到為主管培訓教練技巧，以及成立同儕教練的支持團體鼓勵這種新的心態。克里斯和同事相信，在後起的競爭商業氣候是以改變為常態下，這將是結果不同凡響的關鍵。

這樣的方法並不新。在一九七〇年代初，孟山都（Monsanto）的資深高階主管就在對現在所稱的學習與發展下工夫，請教練先驅華爾特・馬勒（Walt Mahler）對獲選的高階主管開設教練技巧的課程。[18] 華爾特以三百六十度的方式，運用他的教練實務調查（Coaching Practices Survey），向這些高階主管試著要培養的人蒐集資訊。

在此後的數十年裏，許多組織的學習與發展幹部，逐漸試著在主管的角色上加強教練的面向。主要是因為，主管變得更聚焦於以自身發展當成在公司中待下去的理由。換句話說，研究說明主管藉由在組織裏培養員工成長和進步，以延續自己的職涯，並發現教練是達成這個目標的有效方式。

哥倫比亞教練認證學程（Coaching Certification Program）的泰瑞・莫特比亞強烈覺得，假如任何組織的主管都能成為更好的教練，組織的長期未來就會最得利。在了解績效教練的狀況、投入、職能與清晰度上，哥倫比亞的教練學程就是用他的模型當成基礎，將教練視為每天工作責任的一部分，對主管教導應有的技巧和視角。[19]

當然，要主管把教練加進日常努力中表示，他們會需要的訓練在於，教練一開始為什麼重要，以及要怎麼兼而習得教練的視角和必要的訣竅。如我們在本書中說明，培育他人的技巧和一般的管理能力不盡相同。一項研究曾說明，訓練主管的教練能力，可以改善整個團隊的營業額；[20]沒有這樣的訓練，主管很可能會以偏私的視角看待他人，而偏見或許就和相信人無法改變一樣基本，可能有礙於關懷他人。[21]

這甚至可以有助於醫院和醫療照護，派屈克・朗內思（Patrick Runnels）博士不但是精神科醫師，還為完成精神科的住院實習並在社區心理健康現場工作的醫生開設了進修學程。在他身為參與者的教練發展學程中，他體驗並實踐了同理心教練法。他說：「我恍然大悟的是，在督導的場域中給予回饋時，你可以用同理心教練法觸及更多人。」他試著採取成長心態（growth mindset，按：可藉由努力和經驗而成長和改變），並試著將工作定調為不是管理，而是在激勵人，為管理治療團隊的醫學博士預做準備。在他為同事開課程期間，他要參與者發展個人願景，請他們練習同儕教練，輔導彼此，然後跟同事討論，將教練當成在醫院督導（或管理）他人的規律。他甚至把訓練變成實驗，他讓最後一班十一位同事中的半數，置身在採取同理心教練法的情境，但另一半則沒有。之後進行配對，並要他們試著透過同理心教練法激勵另一位醫生。他說在演練後的全員討論期間，全場滿是興奮。參與者說，同理心教練法大有道理，而且比人在激勵他人時所動用的一般方式要好玩得多。引用他說的話，他們的反應「令人驚喜」。即使他們是精神科醫師，但他說：「三分之二從來沒想過，以正向情緒吸子激勵他人。」現在，許多同事實踐這些課程中學到的教練法。

更大的策略畫面是，假如達臨界量的主管將教練視為每日角色的一部分並且確實做到，教練就會變成新常規，而不只是偶爾實踐。它可能會把組織的文化改變成偏重發展與同理心（也就是關懷），在後起的勞動力中跟最大群的員工千禧世代似乎是比較切合。根據國際上的調查，千禧世代不但在人口結構上跟嬰兒潮世代一樣大，甚至是更大；他們也比較受到目的所驅動，並會在工作中尋求發展。[22]

假如主管、高階主管、領導者和家長將教練視為作風的一部分，亦即在角色中的個人行事之道，這也會促成扭轉組織與家庭的文化。將教練視為角色的一部分所灌注的期待是，各主管或家長、老師、醫生或護理師應該要教練和幫助他人。這有可能會適得其反，因為它將另一種「應當」（ought）的我，加到助人改變者身上。不過，在我們的經驗中，好處大於風險，而且個人會享受和擁抱教練的角色。假如接續期待而來的是助人改變者一般、每日的行為有所改變，那它就是在對周遭的任何人示意，教練和培養他人，是職務或角色及適當行為的根本。當你改變眾人視為遊戲規則的是什麼、人該如何行事和該重視什麼時，你就是改變了文化！

如妮露法・戈茲所告訴我們，從她進到思科以來，公司改變了在組織裏實施教練的方式，「干擾就是一種生活方式。正向心理學是教練的催化劑。但我們必須將接觸的機會民主化，並擴展用途，科技會幫得上忙。」妮露法這段話是說，藉由科技公司，藉由經自行挑選為技術導向的幹部，想辦法在地理上遠距開會但品質為高解析度（像是透過思科的網真〔TelePresence〕或Webex Meetings），會使橫跨各洲與世界進行教練比較容易有所躍進。

身為作者，我們的希望和願景是，隨著眾人開始學習多以正向情緒吸子教練彼此，他們立即就會在工作單位、家人、朋友和熟人身上，開始嘗試相同的方法。組織會天天看到好處，身在其中的人也是。在情緒感染的好處下，愈來愈多的同儕教練團體開始聚會。在組織裏，達臨界量的人，就會變得牽涉到同儕教練的過程（據估計，**臨界量**；按：另譯為群聚效應或關鍵多數〔critical mass〕，起碼是人群的三分之一）。同理心教練法最終會成為跨組織的文化實踐或常規，眾人則會開始在全球分享自己是怎麼組成同儕教練團體的故事，展開名符其實的教練革命！

不過現實在於，對於著墨於夢想方面的私人對話和建立更多的共鳴關係，並不是人人都能感到自在。有時候個人會難以切入這些想法和感受。在第九章裏，我們探討如何幫助不情願的參與者。

第八章學習重點

一、在家庭和其他非正式的社會團體以及社區裏，幫助他人發展並對學習抱持開放的文化會有助於大家適應變動的世界。

二、要在工作組織裏創造有效的教練／助人文化，就必須仔細評估需求，集中洽詢和配置教練，有時候則要集中訓練和認證教練以確保品質。

三、在組織中給予教練服務有三種基本方法：（一）鼓勵並訓練幹部以配對或團隊進行同儕教練；（二）訓練主管和高階主管為直屬部屬和也許甚至是同儕提供教練；（三）提供洽詢內部或外部教練（受過專業訓練當教練的人，而且一般是經過某個專業團體認證）。

四、高品質的教練關係會兼而擴充工作投入度和職涯滿意度，並能加碼幫助組織培養和留住最好與最優秀的人才，尤其是在特別與風險團體裏，像是後起的領導者、弱勢團體和女性。

五、同儕教練就是二個以上的人基於私人與專業發展的目的湊在一起。它可以是正式或非正式，並在特有組織的內或外。發展目的可以補強團體存在的其他理由。

六、同儕教練是透過關懷、同理心、共鳴、了解和共享目的培養關係。它強韌、可長可久，而且所加強的正向情緒感染能成為組織常規的基礎。

七、要當心同儕教練關係走向「黑暗面」並主要聚焦於負向。
八、聚焦於團隊學習與關係的企管碩士學程展示出了教育階段本身以外的有形好處。搶先聚焦於同儕教練會提升各成員在學習上的整合度，而能徹底回本。
九、同儕教練團體會加強所有團體成員的親密涉入，而在組織外形成歷久不衰的社會羈絆。證據顯示，這樣的團體能創造出並堅實健全的集體認同。

對話指南

一、在團體中討論，你什麼時候看過教練運用在組織的領導發展上。
二、向他人描述，個人和組織從教練或發展體驗中所得到過的好處。檢視教練衝擊的結局，假如有的話。
三、與他人檢視，組織或客戶或許可以如何在進行教練時，加碼幫助風險族群。進一步檢視，這樣的教練可以如何幫助家庭或其他非正式社會團體中的風險成員。
四、討論自家組織有沒有將同儕教練正式或非正式運用在小團體中。你能做什麼開啟或擴大同儕教練？
五、向他人描述，你的主要同儕是誰，在工作上和以外都要。你對誰感受到社會羈絆？
六、與他人探討任何你身為成員的非正式或正式團體會聚在一起討論生活與工作。它們是以正向情緒吸子還是負向情緒吸子為大宗？它們對你和他人有沒有幫助？它們有沒有幫助過你或他人換工作或改善工作上的績效？

第九章

認清可教練時刻

抓住機會助人改變

秋天來了。空氣涼爽，樹木由綠轉為淺淺的黃、橘、紅。不過，對於雷・路易斯（Ray Lewis）而言，這個秋天不只是季節變換，它還是人生轉型的時刻。雷決定踏上教育和個人發展的旅程，為職涯的下一大步做好準備，在家族事業中扛起更大的責任。

這條路為雷準備了很多年，他已經在擔任企業客戶經理，公司則是他的家族在一九八九年所創立，以提供規畫與緊急回應的服務，包括清理洩漏、復育環境和運送廢棄物。雷的父親是公司的部分擁有人，長久以來都在培植雷這件事情上扮演更突出的角色。

為雷所鋪排的不只是專業上的未來，設定好的還有私人未來的一定面向。例如當家族決定賣掉房子時，他們說服雷幫忙買下它，以能將雷和手足度過童年的房子留在家族，並投入資金修繕房屋。

這一切都還好，只不過在內心深處，雷知道自己想要別的東西，雖然他並不知道那究竟是什麼。所幸雷報名的高階主管企管碩士學程裏包括了私人教練，幫助他思考和勾勒對未來的個人願景。

雷開始與教練配合時，承認在家族事業裏晉升感覺起來平淡又有點束縛。然而教練卻看出，雷似乎仍願意服從他人（心懷慈愛）為他所仔細訂下的職涯路徑。當家族關係混合了專業工作，「應當」的我就能格外有威力。雖然他熱切於學習與成長，但雷並沒有全面領略到辨認和追求真正熱情的威力。

這就是我們所謂**可教練時刻**（coachable moment）的本質。對教練、主管、老師或助人改變者而言，辨認可教練時刻包含了二個面向：（一）觀察個人不見得會覺察到的臨界處境或學習機會。（二）正確觀感到個人對於圍繞該機會的思考和學習是抱持著開放及有所準備。

在本章裏，我們會看更多「可教練時刻」的例子，然後如何怎麼研判對方是否實際準備好接受教練。我們會提供實用的指南以思考與開放創造安穩的空間，並討論典型的「艱困」教練案例，以及同理心教練法的技術如何幫得上忙。

隨時都是可教練的時刻

雷的處境在正式的教練關係內一目瞭然，可是在我們周遭的許多場景中，加以注意就能看到可教練時刻。資深領導者「受邀」接下升遷，而意謂著他在每個月的四週裏要出差三週，並疑慮和妻小的關係會受到折損。朋友感覺到的使命是，要創立非營利組織幫助貧困的高中生獲致更高的教育，但不願捨棄企業職涯追求這個使命。員工在新的督導角色上掙扎，此時意會到主要是因為家人對於「職涯晉升」的觀念，自己才接受升遷。糖尿病患拒絕遵從醫囑、反對治療計畫，即使他知道會有悲慘的健康後果。高中的高年級生錄取好幾所頂尖大學，但不確定自己未來想做什麼，而想在高中畢業後的空檔年（gap year）赴歐洲壯遊。或者女性為了養兒育女離開職場，並在小孩長大後對於如何費心回歸職場感到失落。

但也有其他的關鍵時刻。根據我們的朋友與同事克勞帝歐・佛南迪茲－亞勞茲（Claudio Fernández-Aráoz）研究，人對於教練與幫助抱持開放的關鍵時刻在於接下新職位，他發現前二年是助人更稱職的臨界點。[1] 克勞帝歐找出可教練時刻比較普遍的類別，那就是人生或職涯轉型的時候。可教練時刻的其餘例子或許包括：畢業在即、述職、首購自用住宅、結婚、生育或領養寶寶、遭到裁員或解雇、中樂透、繼承遺產，或是得知罹患終身或末期疾病。或許有其他的轉型時刻並不像上述的清單看似那麼震撼，但它們全都是機會，讓人重新思考對未來的個人夢想與願景。在第八章，我們指出過人生與職涯週期也會創造出這樣的時刻。

沒認清可教練時刻，我們就會錯失機會幫助他人的時機。我們當然不是刻意這麼做；在本身滿檔的時程和日常壓力中，很容易就會錯過同事或家庭成員在人生裏的關鍵時刻。或者我們也許覺得自己幫不上忙，因為我們沒有體驗過此人所經歷的事，而沒有建議可給。不過，即使認清了可教練時刻，假如沒有有效回應，我們很可能還是無從真正幫助個人。而且一如人生中的很多事，有時候關鍵就在於時機和準備。

對方為改變做好準備了嗎？

不管跟可教練時刻相關的是在改變上更廣泛、長期的努力，還是個人所面對定義較狹窄的課題或機會，人都需要準備妥當，才能接受教練，否則造成的衝擊就會失去意義。布魯斯・艾沃立歐（Bruce Avolio）和尚恩・漢納（Sean Hannah）鑽研了領導發展領域中的準備，我們也可以應用到教練準備上。他們發現，當公司以讓員工當領導階層為目標時，假如必要的話，有時候需要評估和提升這些個人的發展準備。[2] 同樣地，在嘗試透過可教練時刻幫助某人之前，教練或助人改變者應該評估，假如可能，必須提升個人的教練準備。[3]

詹姆斯・普羅查斯卡（James Prochaska）和同事所發展出的改變模型，顯示準備對個人的改變努力很重要。在心理治療和高階主管教練的領域中，這個模型廣受採用，並且是由五個階段所構成，而前三個（前蘊思、蘊思、準備）就是在描述準備度。

在前蘊思階段，個人很清楚還沒有準備好要改變；需要或渴望改變甚至不在他的選項中。在蘊思階段，他還是不算準備好要改變，但起碼在想了，並試著準備好。不過要等到抵達準備階段，他才真正為改變做好準備。在個人抵達這個準備階段前，他都無法有效邁進到改變的行動與維護階段（模型中的第四和第五階段，實際做到改變並持續改變）。

回應可教練時刻

我們有時候在回應可教練時刻時，是將它視為有待解決的問題。結果我們給予對方建言或解決之道，而不是教練。這在當下或許似乎是有效的助人方式，但不太可能使所涉及的個人通往學習與成長。它就是不會可長可久。這句話將建言和教練的落差表達得很貼切：「給他魚，他今天就能吃；教他捕魚，他就能吃一輩子。」另一個例子是，青少年剛聽到父母寶貴的「人生啟示」，但轉眼就忘了，因為他並沒有親自體驗過處境。

身為教練和教授，輔導的對象一般都是三十多歲的博士生，我們可以補充的是，當我們在衝動之下給予對方建言，他們有時候（甚至是常常）會忽略。可是當我們能認清並以會啟發學生成長與好奇的方式，進而善用可教練時刻，此時身為顧問的我們，才真正成為教練。

同理心教練法是我們幫助人們為自身的處境或機會定調的方式，情境則是對方「想要成為誰」，以及對方勾勒理想的未來中「想達成什麼」。這樣定調有助於人在應對處境之際，不管它或許是什麼，動用最有可能使他能以有意義和持續的方式學習、改變或成長的內在資源。

要記住，可教練時刻或許以尺度較小的事為形式，而不一定牽涉到職涯或人生的決定。

（參見「認清微小的可教練時刻」。）

認清微小的可教練時刻

同仁在跟部門的特有成員打交道時，也許遇到了難關。關係變得緊張與失調，他不知道要怎麼辦才會改善處境。或者在大學時是傑出運動員的好朋友也許跟你分享說，他的兒子（也是明星運動員）想要退出高中美式足球隊，以能跟著學校的戲劇社和當地的社區戲劇團體，將時間和能量聚焦在演戲上。在讓情緒牽著鼻子走，並對兒子發怒表達失望、挫折與生氣之後，此時他後悔了，而想要搞清楚怎麼跟他回到正軌上。

這樣的可教練時刻所涉及對意向改變過程的應用或許不像我們到目前為止所描述的那麼深入與全盤，但身為教練，你還是能在較小的刻度應用方法助人。舉例來說，以同事之間緊繃的關係為例，你可以問他，跟部門同事的理想關係是怎樣？然後，你可以要他想想看，造成目前關係緊繃的互動史（他自身和別人的視角都要）。接下來，你可以要他思考可能的策略改善與當事者的緊張關係。他嘗試過什麼？他或許嘗試採行什麼新方法？最後，你可以鼓勵他徵詢你以外的朋友和／或同事，或許也會支持他的努力以改善緊繃的關係。

在本質上，這和依據意向改變教練某人是相同的步驟，但我們可以看到，過程也能怎麼應用到「微小週期」(micro-cycles)，以回應特定的可教練時刻。它是應用類似的邏輯，但方式比較大刻度的個人人生願景與目的聚焦要來得窄。不過在理想上，這樣較小的週期，應該要和更廣泛追求自身「理想的自我」和個人願景始終如一，並加以支持。而且主要的目的仍是助人進入正向情緒吸子的情境，使他能以開放的態度面對新觀念和各種可能。

挑戰教練法的案例

如我們在本書通篇所討論，同理心教練法普遍會讓人感到興奮、雀躍和準備好，並能追求持續的改變。對於以這種方式獲得教練的機會，大部分的人都會歡迎。畢竟誰不想要有人幫助自己築夢踏實？不過，有時候幫助人可能會很難，連同理心教練法時也是。接下來，我們要探討五種一般都會造成挑戰的教練處境。雖然我們在此所舉的例子全都來自專業的教練案例，但對任何嘗試幫助他人改變的助人者(主管、老師、家長等等)而言，啟示都相同。審視這些案例應該會使你更能處理它，或是萬一遇到的類似案例。

滿足於人生的現狀

多年前，梅爾文剛開始擔任教練，運用意向改變理論和同理心教練法時，所碰到的案例把他難倒了。在同理心教練法的短短時間裏，他都是以「解脫教練」（liberation coaching）看待它。他驚訝於為教練投入程度定調有多讓個人解脫，以及他們希望從中得到什麼，整體情境則是他們真正想要怎麼過後半輩子。激發他們的熱情、夢想和最深的志向，以能為渴望的改變當成統整的框架，很多個人為之轉變。連在不一定會有所轉變的案例中，經過他以這種方式進行教練，幾乎對每個人而言，它似乎起碼都是令人雀躍、正向的情緒體驗，至少是直到他遇到安吉特・辛（化名）為止。

在美國的大型化學公司裏，五十三歲的安吉特成功晉升至品管、製造營運和資訊科技的層峰。安吉特和結褵三十多年的太太英迪拉有三個現已長大的子女，並成功建立本身的職涯與人生。

梅爾文所教練的人大部分都會發現，為了幫助他們打造理想的自我與個人願景，對所設計的演練加以思考好玩又令人興奮。安吉特則是發現，演練困難而且價值有限。從他的視角來看，他有自己所愛的工作，並且有更愛的太太、家人和整體生活。有什麼夢想？在他的人生中，他想要改變的事真的是一件都沒有。

對於容許自己以沒有束縛的樣子築夢踏實，以追求理想的未來，在教練過一些起初有所遲疑的個人下，梅爾文一直鼓勵安吉特，容許自己思考對人生**下個階段**的理想看法，即使他對現今的情勢走向極為滿意。安吉特還是沒有動靜。對於在目前所體驗到的事以外去構思別的事，他看不出價值。

梅爾文不解而不禁想說，自己是不是有做錯事。他為什麼找不到「神奇提問」，讓安吉特對於令人興奮的可能敞開心胸，以能為人生構思得比已經體驗過的更多。

就在此時，梅爾文向他的導師理查求助；對於但求為人生帶來某種渴望的改變，他必定有銀色子彈以讓安吉特敞開心胸。但理查說的話令他訝異：對某些個人而言，意向改變理論的過程無關乎帶來渴望的改變以**達成**「理想的自我」。對某些人而言，它反倒是關乎**維持**或維繫已經達成的理想的自我。對當教練的梅爾文而言，這是醍醐灌頂的時刻：意向改變理論的過程並非向來都必須關乎帶來改變。假如某人已經達成合宜的人生，除非並直到理想的自我的那個畫面改變為止，過程才可能會比較關乎做事以支持和維繫那個理想的自我。

梅爾文轉換對安吉特的方法奏效了，此時，安吉特將意向改變過程當成一回事，而不只是對他沒有真正價值的演練。他反倒能開始構思方式以鞏固和維持他已經創造出的美好人生。他得以勾勒願景並發展計畫，以確保自己準備好，以應對任何的潛在因素可能衝擊到他為了達成「理想的自我」所維持的能力。

活在壓抑或受迫的環境裏

一九九六年時，魏德海管理學院獲得獎助，對若干俄羅斯公司的頂尖高階主管傳授現代管理與領導的高階技術與觀念。在六週的學程中，一位參與者是茱莉亞（化名），俄羅斯一家最大工程製造組織的財務長。理查是她在學程中的教練。

在學程的第三天早上走進管理大樓時，理查看到了茱莉亞，帶著微笑問她好不好。她苦著臉說：「糟透了。我煩到睡不著覺。」理查說很遺憾聽到這件事，並問她是在煩什麼。她轉頭對他說：「你！」

以為研討會和討論進行順利的理查嚇了一跳。他問說：「我究竟說了或做了什麼這麼煩人的事？」此時，他們到了大廳，理查建議喝杯咖啡聊一聊。

當他們拿著咖啡坐下來時，茱莉亞解釋：

我四十二歲了。我在專業上是成長自我們公司，而且晉升迅速。我能做到什麼和如何管理，而得到領導者重用，但我從來沒受到要求或容許自己圓夢。直到幾年前為止，所假定的都是管理層峰告訴你下一件工作是什麼，就是這樣。事實上，假如你對合宜的未來所夢想的狀況批評到了眼前，你可能就會遭人向當局舉報為煽動而後果嚴重（例如被送去古拉格勞改）。所以你習以為常的期待是，要避免夢想更好的可能，因為這是壞事。

此刻，茱莉亞垂下了頭。理查等著，接著她補充說：「它感覺起來就像是平白浪費才華，這些年和幾十年來全都是。我不知道自己能不能充分改變到甚至是創造個人願景。」

雖然茱莉亞的例子極端，但在戰爭或宗教、經濟、政治或心理壓迫的狀況下，有很多逃離國家的難民一旦自由都會遇到麻煩。在他的經典分析中，維克多・弗蘭可（Viktor Frankl）記載了他和大屠殺的許多逃脫者與倖存者，在新的母國如何遇到好幾年的困境，因為他們的生存整個是聚焦在求生或家庭求生上。在過程當中，許多人是反覆失去希望。[5]

在茱莉亞的案例中，她離開學程就會回到大為改變的環境裏，卻要以舊的信念和方式應對管理課題。所以說，處理這個可教練時刻的方式就是減少她的焦慮，並聚焦於她想**成為**哪種人。藉由幫助她少聚焦在她希望**做**什麼上，而多在她的價值上，她想要當誰和要怎麼與他人行事，理查得以幫助茱莉亞聚焦於在她掌控內的事。茱莉亞的價值是她本身所獨有；思考容許她回到既有所本又令人解脫的真實的自我上。

在與環境受限的人配合時，最好的方法就是聚焦於他們的核心價值，那些關於什麼是對、好、真的信念，屬於做人、生活和真實領導若為適當的基本。從這樣的本質上，他們能常常思考可見的、變動的，以及天天實驗以支持自身價值的行為與行動，這常比十到十五年的個人願景要來得可行。

在同樣誘人卻互斥的理想之間糾結

約瑟夫（化名）剛接下夢想中的職務，在中型公司擔任執行長。不過他想要更上一層樓，所以他在此同時完成了博士學位。他運用了預想和規畫自己的一輩子，甚至以兼任教授之姿，將整個過程教給企管碩士生。約瑟夫羅列出往後幾年的階段，優先事項則是隨各階段轉換。在目前的階段，他想要當更好的爸爸、先生和更好的人，對待每個在貢獻社區上與他互動的人。他想要人生較不緊繃，並且更為留心。

約瑟夫有三個夢想。一是成立公司以證明領導可以運作得多有效，二是過著生活和工作比較平衡的日子，與家人、朋友和他人共度優質的時間。三是寫作、發表、教學和當個公眾演講者，以激勵他人追求夢想。

兩難的是，他無法以可行之道同時成就這一切。一般而言，經營和擴展事業所要求的時間與能量，跟較為平衡、較不緊繃的生活方式並不相容。他的教練試了一件事常是對有多個夢想的人管用，而且其中一些儼然是不相容。教練要約瑟夫為夢想排出優先事項，等於是加以排序。「假如只能做其中一件事，你最想做的會是哪一件？」約瑟夫知道，它會是多陪家人。但他卻過著緊迫的生活與工作方式。於是教練問說：「在另外二件中，哪一件容許你跟家人共度的時間比現在要多，而且還是能追求那個工作上的夢想？」

就像是被閃電擊中，對約瑟夫而言，顯而易見的是他需要擬妥特定的計畫，在二年內交棒公司的領導權。在這點發生前，他可以開始發表並在多所大學教課。他試著在較多的工作之旅中納入家人，規畫較多跟他們度假與放鬆的時間，並承諾等執行長任期結束，他就會將大量的時間花在妻小身上。在二年內，隨著他念完博士學位，他轉讓顧問公司的擁有權，並尋找教職。他在強調教學的大學獲聘為終身教授，而沒有讓他想要避免的發表定生死大賽在他的另一個理想上，威脅到與家人共度時光的進度。如今若干年過去，約瑟夫表示他成功了。但要是沒有正視自己的志向並重新排出優先事項，他就無法做到這個地步。

對目前的路徑太過投入，導致現在改變不了方向

葛碧瑞耶拉（化名）是美國中型城市的檢察官，她很好奇教練或許可以如何運作，同意與私人教練見面，但那是因為她對於探索可能的意願有限。

當教練問到她對完美人生的夢想時，她看著手表說：「這太自私了。」教練了解她對於未來的可能不覺得正向，但他所不知道的是，這使她連談到它都會有多遲疑。教練問到她對工作的理想畫面。她的回應是聚焦在化解眼前工作量的課題上。他問到她對理想私人生活的

夢想。她說她沒時間作夢。

葛碧瑞耶拉是出身自勞動階級家庭，是家中第一位上大學和研究所的家族成員，進入社會之後成為專業人士。藉由聲譽崇高的公職，葛碧瑞耶拉所達到的比她曾認為年輕女性可能做到的還多。她靠的是比周遭的其他任何人都要勤奮工作。當朋友在玩樂時，她有所犧牲。她是以他人認為有點心心念念的方式投身於工作。

但她辦到了。葛碧瑞耶拉現為中年，知道自己為成功付出了代價：她錯過成家和享受各種她知道他人所過的下班後放鬆昇華，這並非意向使然，但它就這樣發生了。她向來都聚焦在職涯，而沒有將相同的焦點與能量，投注在約會和工作以外的活動上。然而她感到安慰的是，她知道在專業能力和社會地位，沒有一個朋友爬得像她這麼高。

她的教練嘗試許多不同的方法讓她思考，她在人生中想要的是什麼，並探索未來的可能，她所能看到的一切就是眼前。雖然某種程度上，她或許感到受困，但她不容許自己去想。做到這個地步付出太多，她絕不放棄。對葛碧瑞耶拉而言，教練並沒有轉化為新學習、新見解或新行為。也許在未來的某一刻，她會在危機或其他轉型後產生某種覺醒並準備好。但很清楚的是，對她而言，這不是時候。

人沒有準備好或者願意接受教練的另一個變體是，這個人甘於「安分守己」。這所發生的是，我們的一位同事試著幫助剛假釋出獄的前任受教練者富蘭克林（化名）。雖然起初的對話觸動人心，但在不確定結果會發生任何事情下，富蘭克林的教練打了退堂鼓。經過多次定罪和更多次逮捕的歷史，富蘭克林的過去給不了人多大的希望。但他的教練知道，他開啟了駕送服務，並在地方的社區中心找到了管理員的工作，所以他這次至少有一戰成功的機會。

挑戰在於，除了目前的任務外，富蘭克林就看不見任何事了。他有的不是長遠的夢想，而是短期的計畫——遠離牢獄，並有某種形式的合法就業。一般「針對長遠的願景進行教練」的方法似乎並沒有幫助甚或是觸動到他，但他起碼願意討論服從假釋狀況和自力更生的步驟與意向。

就在此時，他的教練將他的焦點從未來轉向了眼前。「以這星期、下個月來說，你現在但求要怎麼行事和受到他人看待？」教練問道。這觸動了富蘭克林。就像許多人的生化或行為習慣有成癮性，就是會重新製造出使他們捲入麻煩的狀況，人在這樣的處境下時，就要跟再犯的機率和本身的過去作戰。在聚焦於眼前下，富蘭克林就能與教練配合，找到新的社會團體，並發展新的認同為他的人生帶來可長可久的改變。除了建立新事業，他還想要被視為值得信任、可靠和可親的人。與教練一起思考他所渴望的這份認同，為他的人生賦予了新的意義。

受困在「應當」的我

回想一下雷・路易斯在開頭的故事。對他的教練而言，他證明是個造成挑戰的案例。情境是受教練者知道，自己想要去做在目前所做以外的事。但他遇到的難題是構思和勾勒，那或許是什麼，更大的難題則是想像，自己可能可以怎麼從為他確立到這麼清楚的路徑中抽身。

不過，雷的教練幾乎可以看到另一個版本的雷，就在軀殼裏試著要爆發出來，但似乎穿不透「應當」的我這副軀殼。他的教練試過幾種方式幫助雷想像，自我定義對理想未來的看法或許是長得像怎樣，但雷很清楚父親想要他怎樣，而使他訂不出本身的願景。並且由於深愛父親而不想讓他失望，雷感到真的受困。

在整段關係中，雷的教練持續挑戰雷，希望他檢視並聆聽自己的心聲。最終雷決定，稍微躍進的時候到了。他再也壓制不了所感覺到的渴望探索自行選擇的人生。雷在工作中請了假，花了一些時間到世界旅遊。在旅遊期間，他思考了自己想要當的是誰，以及在職涯與人生中真正想要做的是什麼。就在這些旅遊期間，事情終於對雷奏效了：他知道自己想要做什麼，以及要怎麼著手去做。

在回來的一段時間後，雷去念了高階主管企管碩士校友班。他立刻找上教練，並有自信地握著他的手說：「嗨，來見一下雷・路易斯。」雷終於找到了自己。他探索到了理想的自我，以及伴隨而來的熱情與自信追求它。現在他打心底知道，自己對未來想要的是什麼。憑著新發現的熱情與自信，雷一下就離開了家族事業，並共同創辦了本身的小事業。從他能從感覺起來像是從束縛的「應當」的我中脫離，掌握追求本身「理想」的我的那刻起，雷在個人與專業上都茁壯了起來。他和父親（最終了解到並尊重雷的決定）的關係一如既往地強固，他所過的日子則帶著新發現的喜悅和冒險感。

對教練、主管和其他任何試著幫助另一個人的助人改變者而言，重要的是要把可教練時刻認清到使自己能加以有效利用，並能在「容易」的以外，處理造成挑戰的案例。我們同理心教練法和在本書中所討論到的種種小地方，應該會使各位有本事把這些事都做好。在第十章裏，我們會送上最後的啟發之語以讓各位準備出發，並希望在各位透過富有啟發的教練對話幫助他人之際，也應用本書中所學。

第九章學習重點

一、可教練時刻牽涉到，接受教練的人不見得會充分覺察到潛在的臨界處境或學習機會，**以及**教練要正確觀感到個人對於圍繞該處境或機會的思考和學習是兼而抱持著開放及有所準備。

二、利用可教練時刻常牽涉到為接受教練的個人，評估並提升準備。假如對方沒有做好準備接受教練，教練所促進的改變程度很可能就會有限。

思考和應用練習

一、想想上次你遇到某人是處在我們在第九章所描述的「可教練時刻」當中。你有沒有認清它並以「可教練時刻」看待？對方如何回應？他是否已經有所準備接受教練？在處理處境時，有沒有任何事是你會或能做得有所不同，以使它最有幫助？

二、身為教練、主管、老師、家長、神職人員或其他試著助人的人，你所遇過一些比較有挑戰性的案例是什麼？你或許可以如何應用從本書中所學到的一些啟示，幫助在未來更有效應對這些處境？

對話指南

一、本書中的什麼觀念或技術，會使你熱切期盼進一步嘗試和發展？

二、你是不是在生活和工作的一個面向中找到可教練時刻，而不是其他？在生活的其他面向中，你怎樣才能對這樣的時刻變得敏感？

第十章

同理心的召喚

築夢踏實

大部分的人都關心他人，並試著幫助他們。關心的來源或許是，渴望要啟發與我們共事的人學習和成長，或是保護我們的子女或他人。它或許也是渴望要幫助他人改善績效或發揮潛能。它或許是反映較深層的慈愛感。這些渴望全都很高尚，但輕易就能使我們通往所做的事與所設想的正好相反。我們可能會很快就淪為試著糾正他人，或是規定以特定的方式改變。雖然它或許看似比較有效率，但來到本書的此刻，希望各位認清了，這種身陷在想要糾正、調教他人的情境，就是追求服從的教練法（不管設想得有多良善），並且是負向情緒與壓力的催化劑。

身為領導者、父母、老師、醫護和各種教練，我們全都是所謂「生活」這場實境秀的目擊者。我們會看到不公不義和周遭有人受到不當對待。我們會火大，竟然有人對「免費的東西」覺得該當如此而濫用陌生人的善心。更過分的是，我們會看到有些具有影響力的人，似乎宣傳自己多過幫助或領導他人。

在自戀蔓延和自以為是、自我中心思考的世界裏（畢竟這是以自拍為流行和社群媒體的世代），靠著幫助他人和建立更好的關係，我們就能盡一己之力減少戒心的行為。對於自我中心的自戀，最好的解毒劑就是關懷他人。各位讀者可以幫助他人的一種真切方式在於，啟發和激勵他們邁向最佳版本的自己。在過程中所創造出的正向情緒感染也會幫助你覺得受到啟發，並正向影響周遭的他人。同理心會感染人！

在前幾章裏，我們請各位思考了自己所變成的樣子和所走到的人生境地是受誰幫助最大。我們探討了眾人對這個提問的回答向我們說明了，同理心是如何透過感恩引動正向情緒吸子和隨之而來的所有好事。所以現在且讓我們以追加的問題來問各位：**你**會在誰的名單上？它或許是我們在人生中最歷久不衰的遺產，使其他人的人生有所不同。

同理心是自我中心的解毒劑

透過現實生活的故事中，未來的新可能使人變得雀躍，希望各位會有的新領略是，正向和深刻連結他人，是如何和為什麼對本身的個人持續度，和在多個人生範疇中與你互動的那些人都有利。依照我們的研究，我們力主在關懷和幫助他人上，一個有威力又好懂的方式就是同理心教練法。並非每段對話都會呈現出可教練時刻，以我們所建議的方式進行教練，也並非唯一的方式。追求服從的教練法有時會需要，而且是小劑量。但我們太常讓負向情緒吸子來支配體驗，並因此使任何的學習或改變縮短了強韌度和限制持續度。同理心教練法是我們全都能憑意向（意圖）做到和實踐的事，如同通篇的故事所描述。以下則是一些精彩片段。

葛瑞格・拉金、艾蜜莉・辛克萊爾和繪美・薩波的故事（分別是第一、二、六章）對我們說明了，對照追求服從的教練法，當我們使用同理心教練法時，對人的生活可以衝擊到多大。亦即優秀的教練或助人改變者會啟發、鼓勵和支持他人追求夢想，並達到全副的潛能。在其中各個案例中，同理心教練法都是始於幫助他們探討並清楚勾勒出理想的自我與未來的個人願景，並爬梳「理想的自我」與「應當的自我」的區別。如我們在瑪麗・圖克的案例（第五章）中所見，個人願景是全面、全盤表達「理想的自我」和理想未來，包括夢想、使命感、熱情、目的與核心價值。願景是在提供生活與工作上的意義。它有助於個人在有收穫但常令人挫折的道路上繼續走下去，以能和「理想的自我」靠得更近。

如我們在尼爾・湯普森、達里爾・葛萊遜和尚恩・哈尼根的故事（分別是第二、四、七章）中所見，關鍵的共鳴關係幫助了他們躍進和往前邁進。由於情緒會感染，與教練或助人改變者的關係品質，對正向情緒吸子循環至關重要。在跟教練或助人改變者的關係以外，假如發展出信任、支持關係網，人會更有可能把學習與改變的努力維持下去。蘿莉・奈斯萬德的例子（第八章）說明了，幫助他人組成同儕教練團體，如何感覺起來像二個以上的人基於私人與專業發展的目的湊在一起。但關係的品質強韌，並有助於改變的努力可長可久，所加強的正向情緒感染則能成為組織或家庭常規的基礎。

如我們在艾隆・巴奈的故事（第四章）中所見，提出引導的、開放的、正向的問題能引來新的資訊。我們從研究中得知，它會喚醒正向情緒吸子，在大腦中啟動特定的網路以觸發所謂副交感神經系統（parasympathetic nervous system，也就是復原）的荷爾蒙。問負向的問題或是誘發戒備回應的問題則會激發負向情緒吸子，在大腦中啟動不同的網路，而觸發交感神經系統（sympathetic nervous system，也就是壓力反應）的荷爾蒙（戰鬥、逃走、戒心）。在梅爾文的故事（第三章）中，這樣的問題啟動「應當的我」，縮窄新的可能，並使他覺得卡住。

在艾倫的健康故事（第六章）中，我們看到進入正向情緒吸子既是對新觀念抱持開放的狀態，在持續、渴望的改變上也是沿途的轉折點。我們從他人的研究和本身的神經影像研究中得知，要維持改變或學習過程，人就需要負向情緒吸子二到五倍的規律輪轉到正向情緒吸子裏。在鮑伯・謝佛的健康（第五章）中，我們進一步看到，從時間和復原活動次數較為頻繁的角度來說，較小的劑量比較久、較不頻繁的要好。它也透露出，在復原上運用各式各樣的活動比反覆運用相同的一、二樣要好。

我們在梅爾文的故事中了解在個人願景的情境下，聚焦於優點而非缺點是如何開啟新的可能。結果就是他體驗到深刻的自由與目的感。改變的過程常是以離散的步驟展開，像是尚恩・哈尼根的經驗，就是以更好的傾聽者成為更好的領導者。招來正向情緒吸子的其他方式包括：構思令人興奮的未來，並訂出令人雀躍而非盡義務的計畫，如我們在巴薩姆的故事中所見，靠著改變以成為更有耐心和友善的專案領導者（第六章）。

要進入正向情緒吸子，並在對話期間回到上面，常有賴於共鳴關係和伴隨而來的關懷與信任感受。在凱倫・麥利與兒子交談的故事裏，我們就看到了這樣的架構（第六章）。然後，她將自身的經驗轉用來在工作上對直屬部屬創造出不同的對話。如我們在艾倫與青春期女兒對話的故事中所見（第七章），高品質的助人關係有賴於領導者把心態準備好，透過深入、主動的傾聽，以創造正向、有意義的連結。在同理心教練法上，這是根本而不可或缺。

艾倫與女兒對話的故事也說明了，可教練時刻是如何有賴於教練或助人改變者準備好，當這樣的時刻一發生就會留意到並採取教練的心態。它牽涉到接受教練的人不見得會充分覺察到潛在的臨界處境或學習機會，**以及**教練要正確觀感到個人對於圍繞該處境或機會的思考和學習是兼而抱持著開放及有所準備。利用可教練時刻，經常牽涉到為受教練者評估並提升準備。

我們在書中通篇指出過若干運用教練的組織。但我們也闡明了，教練可以怎麼使家庭和其他一長串的助人關係受惠。將正向助人變成家庭、社區和工作上的常規，有三種基本方法，它們是：一、鼓勵（並且／或者視需要進行訓練）人彼此教練（這在工作上會是以配對或團隊進行同儕教練）；二、提供洽詢各種各樣的內部或外部教練或助人改變者；以及／或者三、使主管、內科醫生和職位有影響力的助人改變者，有本事建立發展關係，並為團隊和組織內的那些人提供教練。

學習自助

當人自己陷入負向情緒吸子的情境時，連出於最好的意向都無法啟發和幫助他人學習和成長。教練或助人改變者的個人持續度，是能持續有效幫助他人開放、發展和改變的關鍵。

我們力薦要直截了當，但在每日生活與工作的壓力因子當中，有時候會難以落實。關鍵在於，天天都要對自己注入復原的能量。事實上，教練或助人改變者的責任就是要維持自己，並散發出只能來自體驗正向情緒吸子多過在負向情緒吸子裏的正向情緒感染。換句話說，我們是在表示，確定天天都要有復原時刻並不是自我中心的舉動。在著眼於發展長期、可長可久的手段達到並維繫有效程度時，和其他教練組成同儕教練團體，會使教練或助人改變者受惠。各種教練所需要的支持，就跟他們試著幫助與支持的人一樣多。

邀請築夢

我們在本書通篇所強調的首要論題是，用個人願景召喚正向情緒。而在本質上，首先就要心存終點，進而設定腦中的連結與情緒，以幫助我們為渴望的終點鋪路。所以，我們現在邀請各位跟我們花一點點時間築夢。

想像一下今後的十到十五年。假如你是：

教練：你有許許多多的客戶來自各種的文化。你的客戶在轉變、學習、成長、發展和表現。他們過著有意義的日子，他們在情緒、身體、精神和關係上很壯大。有些客戶組成了同儕教練團體，而且在客戶的一些組織中，同儕教練團體成了常規。在客戶的組織裏，文化變得比以往都要觸動人心和有發展。

主管：你的人員對工作興奮又感動。他們感覺到共享的目的感。針對變動的市場狀況和顧客需求，他們試著創新和適應。他們覺得你連結人員的需求並投入他們的發展，你會傾注心力幫助他們的成長和晉升，你會提供令人興奮和新穎的案子。你的人員不但想要待在你的組織裏，還希望有更多的時間花在工作上。他們大為興奮組成同儕教練團體以現實檢驗，幫助彼此面對問題，並構思更好的未來。事實上，整個公司文化都改變了，人人都在互相促成發展。

內科醫生、**護理士或內科醫生助手**：你激勵了他人獲得健康。你的角色是幫助人真正痊癒和維繫健康，而且病患百分之百都遵從治療計畫。病患康復得更快，並保持良好得更久。這一切會發生都是因為，他們會照顧自己。他們染病變少，生活品質高，醫療照護的花費低。假如你的工作是安寧照護，病患則是帶著尊嚴離開人世，感覺到慈愛與安詳。

家長：居家生活的日常事件感覺起來像是慈愛與關懷家庭的理想化電影版。你的青春期子女想要跟你交談。與家人用餐牽涉到有趣的對話和笑聲。家裏有任何人需要建言時，他們就會來找你。較年長的子女會定期帶你出去吃飯，你會跟著子女和他們的家人度假。

治療師、諮商師、教牧諮商師或社工：你的客戶聚焦在福祉上，而不只是問題。他們想要安好，並有動機貫徹治療或治療計畫。他們花較少的時間以自我為中心聚焦在自己身上，而以較多的時間幫助社區中較為不幸的他人。他們關心他人並付出自己。他們帶著家人著墨於慈愛和好玩的活動，並力求改善自己的工作組織。

滿好的吧？對於任何看這本書的人而言，以下是使這樣的願景更有可能發生的方法。它有點是「讓愛傳出去」的實驗，我們全都能一試。到了下個月，天天都跟不同的人有**一段**十五到二十分鐘的對話，以幫助他們探索和連結最好的自己、價值、夢想生活、渴望的工作或個人願景。

它聽起來或許令人卻步，但你在隔月很可能會跟超過三十位不同的人配合或互動，不管你是家長、主管、教練、醫生、老師、神職人員，還是其他某種幫人的角色。我們請你就是要有**一段**十五到二十分鐘的對話，在各人天天都空出清醒的九百六十分鐘內，聚焦於幫助某人體驗正向的情緒，並探索或重新連結個人願景。它可以配著咖啡、午餐，或是開著去公司或學校的共乘車。或者你可以在工作上跟一群人談論觀念，也許是當成主管會議的開場或結尾。然後想像這些人各自覺得受到啟發，進而將對話擴及所認識的別人，依此類推。在情緒感染和社會模仿下，結果就是複合效應可能會很巨大。在受到同理心教練法和思考對未來的個人願景下，為數眾多的人將得到潛在改變人生的正向情緒體驗。這一切都是來自一個卑微的起點：一段十五到二十分鐘的教練對話！

希望本書中的故事與觀念啟發了各位嘗試幾件事，以點燃正向改變自己的和他人的人生。我們最深的願望是，各位會感受到可以得自關懷他人和啟發他們提升生活的希望、同理心、正念（mindfulness）與玩心（playfulness），這就是同理心教練法的承諾。

謝詞

對於凱斯西儲大學組織行為系的同事支持與鼓勵，我們深為感激。特別感謝系主任戴安娜・比利莫里亞（Diana Bilimoria）教授，以及同僚教授 Diane Bergeron、Susan Case、Corinne Coen、Harlow Cohen、David Cooperrider、Ron Fry、Chris Laszlo、Tracey Messer 和約翰・保羅・史蒂芬斯（John Paul Stephens）。要不是系上行政人員 Lila Robinson 和正向組織發展與變革碩士（MPOD）學程副主任 Patricia Petty 的固定與正向支持，我們就無法發揮功能。多年以來，很多組織行為學的博士生參與過的教練讀書會（Coaching Study Group）最終蛻變成了意向改變讀書會（Intentional Change Study Group），其中包含 Emily Amdurer、Estelle Archibold、Alim Beveridge、Kevin Cavanagh、Gareth Craze、伍達央・達爾（Udayan Dhar）、Darren Good、安妮塔・豪爾（Anita Howard）、Jennifer Nash、安琪拉・帕薩雷利（Angela Passarelli）、Brigette Rapisarda、凱爾・羅契福（Kylie Rochford）、Tiffany Schroeder Kriz、Scott Taylor、Njoke Thomas、Mandy Varley 和 Doc Warr。較早期年代的博士生暨讀書會成員安妮・瑪琪（Annie McKee）持續啟發著我們，並且常是理查的共同作者，也在賓州大學（University of Pennsylvania）教育研究所的賓大學習長高階主管博士學程（PennCLO Executive Doctoral Program）擔任教練小組的領導者。有別的博士生對個人願景、情緒智力和關係特質的研究對我們幫助甚大。他們是Manoj Babu、Jodi Berg、Amanda Blake、凱瑟琳・布茲（Kathleen Buse）、Masud Khawaja、Loren Dyck、Linda Pittenger、Joanne Quinn和John Schaffner。

在教練上啟發過我們的新觀念、研究和更好的方法，是來自魏德海管理學院教練研究實驗室（Coaching Research Lab）的同事，包含了Tony Jack、Angela Passarelli、Scott Taylor和Kylie Rochford教授，以及一直在推進教練研究實驗室及其研究的博士生，包含了Gareth Craze、Kevin Cavanagh、Udayan Dhar、Jessi Hinz、Mercedes McBride-Walker、Mai Trinh、Mandy Varley和Maria Volkova。我們還受惠於教練研究實驗室的組織成員配合我們，以提升教練領域的研究與實務。我們要對五三銀行（Fifth Third Bank）和伊利保險（Erie Insurance）特別表示感激之意。身為教練研究實驗室的創始成員，它們起初的支持成了整個創舉不可或缺的起步點。我們還要謝謝過去和現在的組織成員，包括科朗設備（Crown Equipment）、迪樂泰(Dealer Tire)、福特(Ford)、路博潤(Lubrizol)、摩恩(Moen)(全球五金水暖集團〔Global Plumbing Group〕)、J M史慕克公司（J. M. Smucker Company）、桑迪亞國家實驗室（Sandia National Laboratories）和思泰瑞（Steris）。

我們要向在魏德海高階主管教育中奉獻的同事致謝，在我們挑戰把教練帶進工作時，他們是我們的長期盟友。他們包括了Chuck Black、Jennifer Carr、Kim Goldsberry、Mindy Kannard、Aparna Malhotra、Charlene McGrue、Ericka McPherson、蘿莉・奈斯萬德（Lori Neiswander）、Sharon Norris、Jennifer O' Connor-Neskey、Lyndy Rutkowski、Laniece Washington、Laura Weber Smith、Michelle Wilson、新任執行主任Chris Kush和前副院長Denise Douglas。最後，若不是魏德海高階主管教育教練庫的教練極具才華又投入，我們就做不了這樣的教練工作；我們很感謝他們的持續聯手與服務。

本書中的故事，大部分都是來自我們在凱斯西儲大學魏德海管理學院的大學部、研究所和高階主管教育學程中數十年的教學。在此固然不可能逐一列出，但我們但求表達深切感激的是，過去和現在的學生對於終身學習抱持著開放。透過我們兼而在教室內外的深度對話，各位幫助了我們精進理論、模型、提問和預測。身為教育者、講者和同事，各位幫助我們學習、成長和改變。

隨著我們發展方法進行教練和從事令人興奮的研究，世界各地的同事和朋友都支持有加。從二〇〇〇年起，來自西班牙巴塞隆納艾賽德（ESADE）商學院的人們，包括：璜・曼紐・巴提斯塔（Joan Manuel Batista）、Marc Correa、Rob Emmerling、Laura Guillen、理卡德・瑟拉沃斯（Ricard Serlavos）教授，以及前博士生Basak Conboy、Amy Leverton、莉媞希亞・莫德斯托（Leticia Mosteo）、Roy Mouwad、Alaide Sipadas和Ferran Valesco。還包括的是我們在威尼斯大學（Università Ca' Foscari）的朋友和同事：Professors Fabrizio Gerli、Sara Bonesso、Anna Commacho 和 Laura Cortelazzo 教授。

在本書通篇和文末注釋中所引用的刊物名單上，各位會發現其他同事的合著和不斷對話幫助了我們的研究與觀念持續發展。幫助我們學習的人包括凱西・柯倫（Kathy Kram）、Nancy Blaize 和泰瑞・莫特比亞（Terry Maltbia）；哈佛醫學院附屬麥克林醫院（McLean Hospital）教練研究院（Institute of Coaching）的創辦人凱洛・凱夫曼（Carol Kauffman）、Margaret Moore 和 Susan David；Dan Goleman 教導理查要為常民而寫，而且從一九六九年起就是朋友兼觀念與測試的共同打造者；安妮・瑪琪和 Fran Johnston；Cary Cherniss、Poppy McLeod、凡妮莎・杜魯斯凱特（Vanessa Druskat）和海倫・萊斯（Helen Riess）。

我們深為感謝哈佛商業評論出版社（Harvard Business Review Press）的編輯團隊，尤其是傑夫・科侯（Jeff Kehoe），一看了我們的提案就相信這樣的成果。我們也要特別對露西・麥考莉（Lucy McCauley）表示謝意，她鼓勵我們並且用心仔細打點本書，以犀利的邏輯與用詞魔法，幫助我們將想法轉為流暢的文字。

理查要謝謝他兒子馬克・史考特（Mark Scott），對心有旁騖的爸爸有耐心了數十年，並為他陶冶出了更好與更清楚的寫作風格。他還要謝謝麥可・霍維茨（Michael Horvitz）一家體恤地支持他的講座，為所有的功能性磁振造影及我們在教練上所做過和繼續要做的許多研究提供甚為需要的支援。

理查要致謝並謝謝大衛・庫柏（David A. Kolb）教授超過五十三年的指點、引導、友誼和同事愛。庫柏教授把理查從航太帶進心理學領域，啟發他，並幫助他從一九六七年起以一連串助人的研究找到了路，而且至今持續在產生衝擊。庫柏教授將理查引導到哈佛心理學的博士學程上，並為他引介了其他成為導師與朋友的人，像是大衛・麥克利蘭（David McClelland）教授、艾德・夏恩（Edgar Schein）教授、大衛・布魯（Dave Berlew）、弗里茲・史蒂爾（Fritz Steele）、羅伯特・羅森塔爾（Robert "Bob" Rosenthal）教授、羅伯特・貝爾斯（Robert Freed Bales）教授和其他許多人。本書和背後的研究真正展開是在一九六七年春天，首先是助人的實證研究，然後是助人的未出版著作。但觀念和熱情始終都在。

梅爾文要謝謝他的直系和大家庭，最顯然的就是母親瑪麗和亡父大梅爾文給了他慈愛的家，充滿了喜悅、同理心、支持與鼓勵，使他向來都覺得有信心追求夢想；三十一年的牽手Jennifer是慈愛的伴侶，使他成了更好的人，並共同建立了美好的人生，比他所想像的更加圓滿；二個兒子萊恩和伊凡所做的一切不但始終如一是榮耀的來源，而且隨著他們持續成長為令人驚豔的年輕人並開創出本身獨特的人生道路，也是敬畏與讚歎的來源。

艾倫要謝謝家人鼓勵她體驗，以同理心、有意義的方式幫助他人和受人幫助意謂著什麼。她要致敬母親Mary Ellen Brooks和亡父Thomas Brooks當了她首位教練，並向她示範了無條件的愛與犧牲究竟意謂著什麼。她要謝謝先生 Scott 慷慨的精神、對她和身邊的每個人所給予的同理心，以及能讓她在人生無可避免的起伏中保持笑容。她也要謝謝孩子 Maureen 和 Thomas 讓她有所依靠，並以好奇、強大的思想和開放、慈愛的心靈為她的人生帶來喜悅。她還要謝謝大家庭和朋友送上各種形式的支持。

最後，梅爾文和艾倫要謝謝理查，他不但是啟發人心的共同作者與同事，也是一流的導師與朋友。對於助人改變的人生可以是多有意義和喜悅，他就是榜樣。

理查・博雅齊斯
Richard.Boyatzis@case.edu
梅爾文・史密斯
Melvin.Smith@case.edu
艾倫・凡烏斯坦
Ellen.VanOosten@case.edu

各界推薦

我對本書內文真的很欣賞的地方在於，極為有用的資訊是以取自研究的內容，以及和教練的有關文獻印證。這些佐證是以對使用者友善的方式呈現，使讀者不必具備相關學位就能了解。此外，「思考和應用練習」讓讀者能將本書內容應用在日常生活中。

——《人才發展》（*TD*）雜誌（人才發展協會〔Association for Talent Development，ATD〕）

我能怎麼助人？這個無比重要的問題總算有了科學式的答案。不管你是老師、主管、家長、醫療照護業者，還是從少棒到高階主管的教練，本書都會給你扎實的引導。

——丹尼爾・高曼（Daniel Goleman），《EQ》（*Emotional Intelligence*）作者；

不單是又一本談教練的書。以三十年的研究為根基，本書所說的啟發故事就是「同理心教練法」，闡明夢想的威力如何帶來正向改變的關鍵，是在組織中幫助各級專業人士的操作手冊。

——克勞迪・朱利（Claudy Jules），谷歌（Google）人力營運（People Operations）總監暨組織健全與變革專長中心（Center of Expertise on Organizational Health and Change）領導

要使渴望的改變絕非曇花一現，個人就必須將改變視為「理想的自我」正向延伸。在本書中，博雅齊斯、史密斯和凡烏斯坦現身說法同理心教練法的威力，在個人築夢踏實、追求成長與改變人生所運用的例子很有說服力。對家長、朋友或任何組織的領導者而言，都是有力且實用的指南。

——胡安・賽格維亞（Juan Segovia），施潔（Sterigenics）營運副總裁

博雅齊斯、史密斯和凡烏斯坦呼籲我們，從聚焦於解決問題的改變方法，走向為了帶出個人、團體和組織最好的一面而設計的願景式方法。本書應該是所有想要在世界、職場、家庭和私生活中帶來正向改變的人必讀的一本書。

——喬依斯・費茲派翠克（Joyce J. Fitzpatrick），凱斯西儲大學法蘭西斯佩恩波登護理學院（Frances Payne Bolton School of Nursing）瑪麗安蕭納希護師理領導學苑（Marian K. Shaughnessy Nurse Leadership Academy）首屆主任

要為眾人的生活帶來真切、長效的改變，祕訣是什麼？憑著有說服力的研究、犀利的洞見和實用的引導，博雅齊斯、史密斯和凡烏斯坦說明，優秀的教練並不是「解決」某人的問題，而在於驅動對方具有啟發的個人願景。

——馬歇・葛史密斯（Marshall Goldsmith），《練習改變》（*Triggers*）、《學領導》和《最好的主管　最好的導師》作者

注

第一章

1. D. De La Cruz, "What Kids Wish Their Teachers Knew," *New York Times*, August 31, 2016; K. Schwartz, *I Wish My Teacher Knew: How One Question Can Change Everything for Our Kids* (Boston: Da Capo Lifelong Books, 2016).
2. De La Cruz, "What Kids Wish Their Teachers Knew."

第二章

1. 關於教練的定義和演進，參見 M. Smith, E. Van Oosten, and R. E. Boyatzis, "Coaching for Sustained Desired Change," in *Research in Organization Development and Change*, vol. 17, ed. R. W. Woodman, W. A. Pasmore, and A. B. Shani (Bingley, UK: Emerald Group Publishing, 2009), 145–174. 關於教練的定義，其他的文章包括：V. V. Vandaveer et al., "A Practice Analysis of Coaching Psychology: Toward a Foundational Competency Model," *Consulting Psychology Journal: Practice and Research* 68 (2016): 118–142; R. R. Kilburg, "The Development of Human Expertise: Toward a Model for the 21st-Century Practice of Coaching, Consulting, and General Applied Psychology," *Consulting Psychology Journal: Practice and Research* 6 (2016): 177–187; R. R. Kilburg, "Toward a Conceptual Understanding and Definition of Executive Coaching," *Consulting Psychology Journal: Practice and Research* 48, no. 2 (1996): 134–144; D. B. Peterson, "Executive Coaching: A Critical Review and Recommendations for Advancing the Practice," in *APA Handbook of Industrial and Organizational Psychology*, vol. 2, *Selecting and Developing Members of the Organization* (Washington, DC: American Psychological Association, 2010), 527–566.

2. *ICF Definition of Coaching*, 2018; 摘自 https://coachfederation.org/about.

3. *Growth of professional coaching/surveys of coaching*: A. M. Liljenstrand and D. M. Nebeker, "Coaching Services: A Look at Coaches, Clients and Practices," *Consulting Psychology Journal* 60, no. 1 (2008): 57–77; ICF Global Coaching Study: Executive Summary, International Coaching Federation, 2012; 摘 自 http://www.coachfederation.org/coachingstudy2012; *2013 ICF Organizational Coaching Study*, 2013; 摘自 http://coachfederation.org/orgstudy; Sherpa Coaching, *The Tenth Annual Executive Coaching Survey* (Cincinnati, OH: Sherpa Coaching, 2015).

C *oaching contexts:* R. E. Boyatzis, M. L. Smith, and A. J. Beveridge, "Coaching with Compassion: Inspiring Health, Well-Being, and Development in Organizations," *Journal of Applied Behavioral Science* 49, no. 2 (2013): 153–178.

4. 不包括治療、教學、諮商和其他形式的幫助，教練本身的研究顯示，對受教練者的衝擊為正向，尤其是在改善福祉、自我觀感到的改變和與教練的關係上。參見 A. Athanasopoulou and S. Dopson, "A Systematic Review of Executive Coaching Outcomes: Is It the Journey or the Destination That Matters the Most?" *Leadership Quarterly*, 29, no. 1 (2018): 70–88; A. M. Grant, "What Can Sydney Tell Us about Coaching? Research with Implications for Practice from Down Under," *Consulting Psychology Journal: Practice and Research* 68 (2016): 105–117; E. de Haan et al., "A Large Scale Study of Executive and Workplace Coaching: The Relative Contributions of Relationship, Personality Match, and SelfEfficacy," *Consulting Psychology Journal: Practice and Research* 68, no. 3 (2016): 189 –207; T. Bachkirova and S. Borrington, "Old Wine in New Bottles: Exploring Pragmatism as a Philosophical Framework for the Discipline of Coaching," *Academy of Management Learning and Education* (2018); W. J. G. Evers, A. Brouwers, and W. Tomic, "A Quasi-Experimental Study on Management Coaching Effectiveness," *Consulting Psychology Journal: Practice and Research* 58 (2006): 174 –182; E. de Haan et al., "Executive Coaching Outcome Research: The Contribution of Common Factors Such as Relationship, Personality Match, and Self Efficacy," *Consulting Psychology Journal: Practice and Research* 65 (2013): 40–57; A. M. Grant, *Workplace, Executive and Life Coaching: An Annotated Bibliography from the Behavioural Science and Business Literature* (Sydney, Australia: University of Sydney Coaching Psychology Unit, 2011); T. Theeboom, B. Beersma, and E. M. Van Wianen, "Does Coaching Work? A Meta-Analysis on the Effects of Coaching on Individual

Level Outcomes in an Organizational Context," *Journal of Positive Psychology* 9, no. 1 (September 2013): 1–18; G. A. Sforzo et al., "Compendium of the Health and Wellness Coaching Literature," *Journal of Lifestyle Medicine* 12, no. 6 (2018); R. Jones, S. Woods, and Y. Guillaume, "The Effectiveness of Workplace Coaching: A Meta-Analysis of Learning and Performance Outcomes from Coaching," *Journal of Occupational and Organizational Psychology* 89 (2015): 249–277.

5. 這些研究的詳細結果請參考：R. E. Boyatzis and K. V. Cavanagh, "Leading Change: Developing Emotional, Social, and Cognitive Competencies in Managers during an MBA Program," in *Emotional Intelligence in Education: Integrating Research into Practice*, ed. K. V. Keefer, J. D. A. Parker, and D. H. Saklofske (New York: Springer, 2018), 403–426; E. Amdurer et al., "Longitudinal Impact of Emotional, Social and Cognitive Intelligence Competencies on Career and Life Satisfaction and Career Success," *Frontiers in Psychology* 5, article 1447 (2014), doi:10.3389/fpsyg.2014.01447; R. E. Boyatzis, A. Passarelli, and H. Wei, "Developing Emotional, Social, and Cognitive Competencies in MBA Programs: A Twenty-Five Year Perspective," in *Leader Interpersonal and Influence Skills: The Soft Skills of Leadership*, ed. R. Riggio and S. Tan (London: Routledge, 2013): 311–330; A. Passarelli, R. E. Boyatzis and H. Wei, "Assessing Leader Development: Lessons from a Historical Review of MBA Outcomes," *Journal of Management Education* 42, no. 1 (2018): 55–79; R. E. Boyatzis, A. Lingham, and A. Passarelli, "Inspiring the Development of Emotional, Social, and Cognitive Intelligence Competencies in Managers," in *Self-Management and Leadership Development*, ed. M. Rothstein and R. Burke (Cheltenham, UK: Edward Elgar Publishers, 2010), 62–90; R. E. Boyatzis and A. Saatcioglu, "A Twenty-Year View of Trying to Develop Emotional, Social and Cognitive Intelligence Competencies in Graduate Management Education," *Journal of Management Development* 27, no. 3 (2008): 92–108; R. E. Boyatzis, E. C. Stubbs, and S. N. Taylor, "Learning Cognitive and Emotional Intelligence Competencies through Graduate Management Education," *Academy of Management Journal on Learning and Education* 1, no. 2 (2002): 150–162; R. Ballou et al., "Fellowship in Lifelong Learning: An Executive Development Program for Advanced Professionals," *Journal of Management Education* 23, no. 4 (1999): 338–354; R. E. Boyatzis et al., "Competencies Can Be Developed but Not in the Way We Thought," *Capability* 2, no. 2 (1996): 25–41; R. E. Boyatzis, "Consequences and Rejuvenation of Competency-Based Human Resource and

Organization Development," in *Research in Organizational Change and Development*, vol. 9, ed. R. W. Woodman and W. A. Pasmore (Greenwich, CT: JAI Press, 1996), 101–122; R. E. Boyatzis and A. Renio, "The Impact of an MBA Program on Managerial Abilities," *Journal of Management Development* 8, no. 5 (1989): 66–77; R. E. Boyatzis et al., "Will It Make a Difference? Assessing a Value-Based, Outcome Oriented, Competency Based Professional Program," *Innovating in Professional Education: Steps on a Journey from Teaching to Learning* (San Francisco: Jossey-Bass, 1995), 167–202; L. Mosteo et al., "Understanding Cognitive-Emotional Processing through a Coaching Process: The Influence of Coaching on Vision, Goal-Directed Energy, and Resilience," *Journal of Applied Behavioral Science* 52, no. 1 (2016): 64–96; D. C. Leonard, "The Impact of Learning Goals on Emotional, Social, and Cognitive Intelligence Competency Development," *Journal of Management Development* 27, no. 1 (2008): 109–128; K. Rhee, "The Beat and Rhythm of Competency Development over Two Years," *Journal of Management Development* 12, no. 1 (2008): 146–160; J. V. Wheeler, "The Impact of Social Environments on Emotional, Social, and Cognitive Competency Development," *Journal of Management Development* 27, no. 1 (2008): 129–145.

6. 詳細的研究結果參見 R. E. Boyatzis, "Leadership Development from a Complexity Perspective," *Consulting Psychology Journal: Practice and Research* 60, no. 4 (2008): 298–313.
7. 對於將自我揭露運用在教練或心理治療上，有人有所質疑。Tatiana Bachkirova 寫過「教練自身」的重要 ("The Self of the Coach: Conceptualization, Issues, and Opportunities for Practitioner Development," *Consulting Psychology Journal: Practice and Research* 68 , no. 2 [2016]: 143–156). 對於適當運用自我揭露輔助受教練者的發展，多年來有其他許多人寫過它的價值；案例參見 S. M. Jourard, *Self-Disclosure: An Experimental Analysis of the Transparent Self* (Ann Arbor, MI: Wiley-Interscience, 1971).
8. 心理與行為層次的詳情參閱 E. Hatfield, J. T. Cacioppo, and R. L. Rapson, *Emotional Contagion: Studies in Emotion and Social Interaction* (New York: Cambridge University Press, 1993); 較近期的成果為 H. A. Elfenbein, "The Many Faces of Emotional Contagion: An Affective Process Theory of Affective Linkage," *Organizational Psychology Review* 4, no. 4, (2014): 326–362.

第二章

1. 參見 Ron Ashkenas, "Change Management Needs to Change," *Harvard Business Review*, April 2013
2. M. T. Brown, MD, and J. K. Bussell, MD, "Medication Adherence: WHO Cares?" *Mayo Clinic Proceedings* 86, no. 4 (April 2011): 304–314.
3. 梅爾文的教練是來自魏德海高階主管教育教練庫的 Seelbach。
4. 意向改變理論是始於一九六〇年代末，博雅齊斯所聯手的 David Kolb 當時是麻省理工學院的教授，後來到了凱斯西儲大學。在早期的歲月中，它被稱為自發的行為改變。這為助人和它的衝擊產出了一連串的研究（參見 D. A. Kolb and R. E. Boyatzis, "On the Dynamics of the Helping Relationship," *Journal of Applied Behavioral Science* 6, no. 3 [1970]: 267–290; and D. A. Kolb and R. E. Boyatzis, "Goal Setting and Self-Directed Behavior Change," *Human Relations* 23, no. 5 [1970]: 439–457）。到一九九〇年代末，理論則浮現為意向改變理論，此時就變得很清楚，它在許多層次上是持續、渴望的改變在人為系統內的碎形。研究揭露了顯著的斷續，於是用非線性動態和複雜理論的元素解釋修訂的理論（參見 R. E. Boyatzis, "Intentional Change Theory from a Complexity Perspective," *Journal of Management Development* 25, no. 7 [2006]: 607–623); R. E. Boyatzis, "Coaching with Intentional Change Theory," in *The Professional Coach's Desk Reference*, ed. P. Brownell, S. English, and J. Sabatine [New York: Springer, 2017]）。
5. R. E. Boyatzis and K. Akrivou, "The Ideal Self as the Driver of Intentional Change," *Journal of Management Development* 25, no. 7 (2006): 624–642.
6. Dewitt Jones, *Celebrate What's Right with the World* (video), Star Thrower Distributions, 2010.
7. S. N. Taylor, "Redefining Leader Self-Awareness by Integrating the Second Component of Self-Awareness," *Journal of Leadership Studies* 3, no. 4 (2010): 57–68; S. N. Taylor, "Student Self-Assessment and Multisource Feedback Assessment: Exploring Benefits, Limitations, and Remedies," *Journal of Management Education* 38, no. 3 (2014): 359–383.
8. 另類的方法參見 M. Goldsmith, "Try Feedforward Instead of Feedback," *Leader to Leader* 25 (Summer 2002): 11–14.
9. M. Maltz, *Psycho-Cybernetics* (New York: Simon and Schuster, 1960).

10. S. Covey, *The Seven Habits of Highly Effective People* (New York: Simon and Schuster, 1989).

11. 《異數》（*Outliers: The Story of Success*）麥爾坎・葛拉威爾（Malcolm Gladwell）

12. P. Lally et al., "How Are Habits Formed: Modelling Habit Formation in the Real World," *European Journal of Social Psychology* 40 (2010): 998–1009.

13. 丹尼爾・高曼（Daniel Goleman）《ＥＱ》（*Emotional Intelligence*）；D. Goleman, *Working with Emot_ional Intelligence* (New York: Bantam Books, 1998); R. Boyatzis and D. Goleman, *Emotional and Social Competency Inventory* (2007), 由 Korn Ferry 傳布到全世界；D. Goleman, R. E. Boyatzis, and A. McKee, *Primal Leadership: Realizing the Power of Emotional Intelligence* (Boston: Harvard Business School Press, 2002); R. E. Boyatzis, "The Behavioral Level of Emotional Intelligence and Its Measurement," *Frontiers in Psychology* 9, article 1438 (August 13, 2018), doi:10.3389/fpsyg.2018.01438; D. Goleman and R. E. Boyatzis, "Social Intelligence and the Biology of Leadership," *Harvard Business Review*, September, 2008, pp. 74–81.

14. D. Dunning, "On Identifying Human Capital: Flawed Knowledge Leads to Faulty Judgments of Expertise by Individuals and Groups," *Advances in Group Processes* 32 (2015): 149–176; 另參見 D. Goleman, *Vital Lies, Simple Truths: The Psychology of Self Deception* (New York: Simon and Schuster, 1985).

15. 評價教練風格的研究參見：E. de Haan and V. O. Nilsson, "Evaluating Coaching Behavior in Managers, Consultants, and Coaches: A Model, Questionnaire, and Initial Findings," *Consulting Psychology Journal: Practice and Research* 69, no. 4 (2017): 315;C. W. Coultas and E. Salas, "Identity Construction in Coaching: Schemas, Information Processing, and Goal Commitment," *Consulting Psychology Journal: Practice and Research* 67, no. 4 (2015): 298; R. T. Y. Hui and C. Sue Chan, "Variations in Coaching Style and Their Impact on Subordinates' Work Outcomes," *Journal of Organizational Behavior* 39, no 5 (2018): 663–679; C. Kauffman and W. H. Hodgetts, "Model Agility: Coaching Effectiveness and Four Perspectives on a Case Study," *Consulting Psychology Journal: Practice and Research* 68 (2016): 157–176; G. Bozer and B-K. Joo, "The Effects of Coachee Characteristics and Coaching Relationships on Feedback Receptivity and Self-Awareness in Executive Coaching," *International Leadership Journal* 7, no. 3 (2015): 36–58; G. Bozer, B-K. Joo, and J. C. Santora,

"Executive Coaching: Does Coach-Coachee Matching Based on Similarity Really Matter?" *Consulting Psychology Journal: Practice and Research* 67, no. 3 (2015): 218–233.

16. Kauffman and Hodgetts, "Model Agility."
17. 參見 Goleman, Boyatzis, and McKee, *Primal Leadership*, 105–108.
18. R. E. Boyatzis et al., "Coaching Can Work, but Doesn't Always," *People Management*, March 11, 2004.

第四章

1. 教育場域的焦點轉移深刻到雖然約翰・杜威（John Dewey）在一九二〇年代就寫過（J. Dewey, Experience and Education, Kappa Delta Pi [1938]），但以學習者為中心的發展，常被視為「菸抽太多」的人所做的實驗（錯誤又貶損地暗示，他們很可能是在沒有醫療需求下使用迷幻物質）。有數十年許多人將蒙特梭利法（Montessori Method）視為迎合和溺愛孩童，而蒙特梭利老師嘗試運用各孩童天生的好奇心與能量輔助他們學習。
2. 結局評估的早期成果：R. Albanese et al., "Outcome Measurement and Management Education: An Academy of Management Task Force Report" (presentation at the Annual Academy of Management Meeting, San Francisco, 1990); A. W. Astin, *What Matters in College? Four Critical Years* (San Francisco: Jossey-Bass, 1993); T. W. Banta, ed., *Making a Difference: Outcomes of a Decade of Assessment in Higher Education* (San Francisco: Jossey-Bass, 1993); M. Mentkowski et. al, "Understanding Abilities, Learning and Development through College Outcome Studies: What Can We Expect from Higher Education Assessment?" (paper presented at the Annual Meeting of the American Educational Research Association, Chicago, 1991); M. Mentkowski and Associates, *Learning That Lasts: Integrating Learning, Development, and Performance in College and Beyond* (San Francisco: Jossey-Bass, 2000); E. T. Pascarella and P. T. Terenzini, *How College Affects Students: Findings and Insights from Twenty Years of Research* (San Francisco: Jossey-Bass, 1991).
學習是教育的產出：在教育中，學習是產出。但由於教育最常被定調為專家系統，老師（和行政人員）對過程懂得比學生或家長多，所以焦點比較多數是某人教什麼，而不是學生學什麼。
結局評估在高等教育中認真起頭，是在一九七〇年代初，以幫助大專院校針對當時所謂的「非傳統學生」

實驗和調整過程（參見上述所參考結局評估的早期成果）。此標籤是用於超過二十一歲、女性或弱勢團體成員的大學生。老布希（George H. W. Bush）總統在一九八九年時通過行政命令，規定任何尋求聯邦資注的評鑑機關都必須規定大學和學程使用結局評估說明，它們的學生實際上是在學什麼。在該十年的前期，評鑑所有商管學程的團體美國大學商管學院協會（American Association of Collegiate Schools of Business；後來更名為學術暨大學商管學院協會〔Association of Academic and Collegiate Schools of Business〕）開始探討，重新評鑑和初始評鑑是不是該以特有機構的明訂目的為準，而不是圖書館的書籍數、博士教員數，像是此類。後者這些和當時的主要標準被稱為投入特徵。它們是發展過程的投入。被稱為產出導向的問題則是關於學生是在學什麼的證據。這深切轉移了焦點，要求教員和行政人員要多想到學生，而不是教員。說教員宣稱在課綱裏包含了什麼並不夠，你必須問學生是在學習，然後在上課後數個月期間的數週還記得什麼。將焦點擺在學生身上，這才是問對了問題。

3. 將自我控管描述為情緒智力職能的是 D. Goleman, R. E. Boyatzis, and A. McKee in *Primal Leadership: Realizing the Power of Emotional Intelligence* (Boston: Harvard Business School Press, 2002). 眾多的研究說明，它會顯著預測助人的成效；參見 R. E. Boyatzis, "Core Competencies in Coaching Others to Overcome Dysfunctional Behavior," in *Emotional Intelligence and Work Performance*, ed. V. Druskat, G. Mount, and F. Sala (Mahwah, NJ: Erlbaum, 2005), 81–95; and R. E. Boyatzis, "Emotional Intelligence," in *Sage Encyclopedia of Educational Research, Measurement, and Evaluation*, ed. Bruce Frey (Thousand Oaks, CA: Sage Publications, 2018), 579–580.
4. Edgar H. Schein, *Helping: How to Offer, Give, and Receive Help* (San Francisco: Berrett-Koehler, 2009).
5. D. De La Cruz, "What Kids Wish Their Teachers Knew," *New York Times*, August 31, 2016; K. Schwartz, *I Wish My Teacher Knew: How One Question Can Change Everything for Our Kids* (Boston: Da Capo Lifelong Books, 2016).
6. D. Goleman, *Focus: The Hidden Driver of Excellence* (New York: Harper Books, 2015).
7. R. E. Boyatzis, K. Rochford, and K. Cavanagh, "The Role of Emotional and Social Intelligence Competencies in Engineer's Effectiveness and Engagement," *Career Development International* 22, no. 1 (2017): 70–86.
8. 在助人期間，試著同理他人，可能會在助人改變者身上激發出威脅（負向情緒吸子），想像對方的感受（感同身受）會傷害到助人改變者。A. E. K. Buffone et al., "Don't Walk in Her Shoes! Different Forms of Perspective Taking Effect Stress Physiology," *Journal of Experimental Social Psychology 72* (September 2017): 161–168.

9. 三百六十度評估是向你的老闆、同儕、部屬或客戶，甚至配偶或伴侶蒐集資料。要更加了解情緒與社會職能量表（Emotional and Social Competency Inventory，ESCI）的特定檢測，參見 R. E. Boyatzis, "The Behavioral Level of Emotional Intelligence and Its Measurement," *Frontiers in Psychology* 9, article 1438 (2018): doi.org/10.3389/fpsyg.2018.01438; J. M. Batista-Foguet et al., "Why Multisource Assessment and Feedback Has Been Erroneously Analyzed and How It Should Be," *Frontiers in Psychology* 9, article 2646 (2019): https://doi.org/10.3389/fpsyg.2018.02646; R. E. Boyatzis, "Commentary of Ackley (2016): Updates on the ESCI as the Behavioral Level of Emotional Intelligence," *Consulting Psychology Journal: Practice and Research* 68, no. 4 (2017): 287–293; R. E. Boyatzis, J. Gaskin, and H. Wei, "Emotional and Social Intelligence and Behavior," in *Handbook of Intelligence: Evolutionary, Theory, Historical Perspective, and Current Concepts*, ed. D. Princiotta, S. Goldstein, and J. Naglieri (New York: Spring Press, 2014), 243–262. 運用情緒與社會職能量表的更多資訊可聯繫 http://www.haygroup.com/leadershipandtalentondemand/ourproducts/item_details.aspx?itemid=58&type=2; Priscilla De San Juan Olle (Priscilla.Olle@KornFerry.com, at 617-927-5018).

10. R. F. Baumeister et al., "Bad Is Stronger Than Good," *Review of General Psychology* 5, no. 4 (2001): 323–370.

11. M. Khawaja, "The Mediating Role of Positive and Negative Emotional Attractors between Psychosocial Correlates of Doctor-Patient Relationship and Treatment of Type II Diabetes" (doctoral dissertation, Case Western Reserve University, 2011).

12. J. Groopman, *The Anatomy of Hope* (New York: Random House, 2000); Atul Gawande, *Being Mortal* (London: Picador, 2016).

13. 針對正向情緒吸子對比負向情緒吸子的教練，我們有二則功能性磁振造影的研究說明所牽涉到的神經機轉：A. I. Jack et al., "Visioning in the Brain: An fMRI Study of Inspirational Coaching and Mentoring," *Social Neuroscience* 8, no. 4 (2013): 369–384 (reviewed in A. Passarelli, "The Neuro-Emotional Basis of Developing Leaders

through Personal Vision," *Frontiers in Psychology* 6, article 1335 [2015]: doi:10.3389/fpsyg.2014.01335); and A. Passarelli et al., "Neuroimaging Reveals Link Between Vision and Coaching for Intentional Change," (in review) (also presented at the Annual Meeting of the Academy of Management, Vancouver, British Columbia, Canada, 2015).

14. 緊繃和壓力反應研究的單一最佳摘要，是出自 R. Sapolsky, *Why Zebras Don't Get Ulcers*, 3rd ed. (New York: Harper Collins, 2004)；其他相關的審視和討論見於 S. C. Segerstrom and G. E. Miller, "Psychological Stress and the Human Immune System: A Meta-Analytic Study of 30 Years of Inquiry," *Psychological Bulletin* 130, no. 4 (2004): 601–630; S. S Dickerson and M. E. Kemeny, "Acute Stressors and Cortisol Responses: A Theoretical Integration and Synthesis of Laboratory Research," *Psychological Bulletin* 130 (2004): 355–391; R. E. Boyatzis, M. L. Smith, and N. Blaize, "Sustaining Leadership Effectiveness through Coaching and Compassion: It's Not What You Think," *Academy of Management Learning and Education* 5 (2006): 8–24.

15. E. Friedmann et al., "Animal Companions and One-Year Survival of Patients after Discharge from a Coronary Care Unit," *Public Health Reports* 95, no. 4 (1980): 307; and J. P. Polheber and R. L. Matchock, "The Presence of a Dog Attenuates Cortisol and Heart Rate in the Trier Social Stress Test Compared to Human Friends," *Journal of Behavioral Medicine* 37, no. 5 (2014): 860–867.

16. R. Boyatzis and A. McKee, *Resonant Leadership: Renewing Yourself and Connecting with Others through Mindfulness, Hope, and Compassion* (Boston: Harvard Business School Press, 2005).

17. J. LeDoux, *The Emotional Brain: The Mysterious Underpinnings of Emotional Life* (New York: Touchstone Books, Simon & Shuster, 1996); J. LeDoux, *Synaptic Self: How Our Brains Become Who We Are* (New York: Viking, 2002).

18. B. Libet et al., "Subjective Referral of the Timing for a Conscious Sensory Experience," *Brain* 102, no. 1 (1979): 193–224.

19. *American Psychologist* 58, no. 1 (2003) 蒐集文章談宗教與靈性、衡量它們的方法和對健康的好處。

20. 管理上的幽默與成效：F. Sala, "Relationship between Executives' Spontaneous Use of Humor and Effective Leadership" (unpublished PhD thesis, Boston University, 1996); F. Sala, "Laughing All the Way to the Bank," *Harvard*

Business Review (September 2003).

幽默的療癒效應：C. M. Greene et al., "Evaluation of a Laughter-Based Exercise Program on Health and Self-efficacy for Exercise," *The Gerontologist* 57, no. 6 (2016): 1051–1061; J. H. Han, K. M Park, and H. Park, "Effects of Laughter Therapy on Depression and Sleep among Patients at Long-Term Care Hospitals," *Korean Journal of Adult Nursing* 29, no. 5 (2017): 560–568; H. Ko and C. Youn, "Effects of Laughter Therapy on Depression, Cognition and Sleep among the Community-Dwelling Elderly," *Geriatrics and Gerontology International* 11 (2011): 267–274.

21. G. N. Bratman et al., "Nature Experience Reduces Rumination and Subgenual Prefrontal Cortex Activation," *Proceedings of the National Academy of Sciences*, 112, no. 28 (2015): 8567–8572; and G. N. Bratman et al., "The Benefits of Nature Experience: Improved Affect and Cognition," *Landscape and Urban Planning* 138 (2015): 41–50.

22. K. C. Rochford, "Relational Climate in the Work Place: Dimensions, Measurement and Validation" (unpublished qualifying paper, Case Western Reserve University, 2016); K. C. Rochford, "Intentionality in Workplace Relationships: The Role of Relational Self-Efficacy (unpublished doctoral dissertation, Case Western Reserve University, 2016); R. E. Boyatzis, "Measuring the Impact of Quality of Relationships through the Positive Emotional Attractor," in *Positive Psychology of Relationships*, ed. S. Donaldson and M. Rao (Santa Barbara, CA: Praeger Publishers, 2018), 193–209; R. E. Boyatzis, K. Rochford, and S. N. Taylor, "The Role of the Positive Emotional Attractor as Vision and Shared Vision: Toward Effective Leadership, Relationships and Engagement," *Frontiers in Psychology* 6, article 670 (May 21, 2015), http://dx.doi.org/10.3389/fpsyg.2015.00670.

第五章

1. 我們要對任何的愛蛇人士或是將蛇當寵物的人致歉，我們不是在貶損蛇，僅是指出，我們知道沒有科學證據顯示，蛇會尋求新穎或感情上的歡愉。同一時間，從象、狗、貓到海豚的哺乳類，以及從黑猩猩到人類的靈長類，則是有所有這些狀態的證據。

2. R. E. Boyatzis, M. Smith, and N. Blaize, "Developing Sustainable Leaders through Coaching and Compassion,"

Academy of Management Journal on Learning and Education 5, no. 1 (2006): 8–24; R. E. Boyatzis, M. L. Smith, and A. J. Beveridge, "Coaching with Compassion: Inspiring Health, Well-Being, and Development in Organizations," *Journal of Applied Behavioral Science* 49, no. 2 (2012): 153–178.

3. R. E. Boyatzis, "When Pulling to the Negative Emotional Attractor Is Too Much or Not Enough to Inspire and Sustain Outstanding Leadership," in *The Fulfilling Workplace: The Organization's Role in Achieving Individual and Organizational Health*, ed. R. Burke, C. Cooper, and G. Woods (London: Gower Publishing, 2013), 139–150.

4. 這些案例的初步故事是呈現在二〇一二年教練研究院在波士頓的年會中，以及R. E. Boyatzis et al., "Developing Resonant Leaders through Emotional Intelligence, Vision and Coaching," *Organizational Dynamics* 42 (2013): 17–24.

5. 當人內外始終如一並且一致時，復原就會得到支持，它是正念的狀態，我們之前在先前的文章和著作裏深入討論過。在 R. E. Boyatzis and A. McKee, *Resonant Leadership: Renewing Yourself and Connecting with Others through Mindfulness, Hope, and Compassion* (Boston: Harvard Business School Press, 2005) and A. McKee, R. E. Boyatzis, and F. Johnston, Becoming a Resonant Leader (Boston: Harvard Business School Press, 2008) 中，我們宣稱整合與一致是在人的身、心、靈各方面的健康之內。基於這個理由，在發展個人願景時，這些都是我們一般希望人們考量的層面。在全觀行事時，人的所有面向都能朝著相同的目的感運作。當其中一面以有別於其他的方式運作時，能量與注意力就會跟人的其他面向脫節，甚至是牴觸。人類似乎是在內外全部同步時，做事會最有成效與效率。更多的細節參見 Boyatzis, Smith, and Blaize, "Developing Sustainable Leaders"; and Boyatzis and McKee, *Resonant Leadership*。

6. R. F. Baumeister, "The Nature and Structure of the Self: An Overview," in *The Self in Social Psychology*, ed. R. F. Baumeister (Philadelphia: Psychology Press, 1999), 1–20; R. F. Baumeister et al., "Bad Is Stronger Than Good," *Review of General Psychology* 5, no. 4 (2001): 323–370.

7. A. Howard, "Coaching to Vision Versus Coaching to Improvement Needs: A Preliminary Investigation on the Differential Impacts of Fostering Positive and Negative Emotion during Real-Time Executive Coaching Sessions," *Frontiers in Psychology* 6, article 455 (2015): https://doi.org/10.3389/fpsyg.2015.00455; and R. E. Boyatzis and A.

Howard, "When Goal Setting Helps and Hinders Sustained, Desired Change," in *Goal Setting and Goal Management in Coaching and Mentoring*, ed. S. David, D. Clutterbuck, and D. Megginson (Abington, UK: Taylor and Francis, 2013), 211–228.

8. A. I. Jack et al., "fMRI Reveals Reciprocal Inhibition between Social and Physical Cognitive Domains," *NeuroImage*, 66C (2012): 385–401; A. I. Jack, A. J. Dawson, and M. Norr, "Seeing Human: Distinct and Overlapping Neural Signatures Associated with Two Forms of Dehumanization," *NeuroImage* 79, no. 1 (2013): 313–328; A. I. Jack et al., "Why Do You Believe in God? Relationships between Religious Belief, Analytic Thinking, Mentalizing and Moral Concern," *PLOSONE* (2016); M. E. Raichle, "Two Views of Brain Function" *Trends in Cognitive Sciences* 14 (2010): 180–190; F. Van Overwalle, "A Dissociation between Social Mentalizing and General Reasoning," *NeuroImage* 54 (2010): 1589–1599; M. D. Fox et al., "The Human Brain Is Intrinsically Organized into Dynamic, Anti-Correlated Functional Networks," *Proceedings of the National Academy of Sciences of the USA* 102, no. 27 (2005): 9673–9678; R. L. Buckner, J. R. Andrews-Hanna, and D. L. Schacter, "The Brain's Default Network," *Annals of the New York Academy of Sciences* 1124, no. 1 (2008): 1–38. 安東尼・傑克對這些網路所用的歷史名稱有所疑慮，因為它會誤導人。例如預設模式網路起初是用來表示，我們使用這套網路會比我們聚焦於任何一種任務時要來得平靜。當人刻意使用同理心了解他人時，這套網路大為活躍而非平靜。他說，任務正向網路的標籤也會誤導人。當人刻意同理的任務時，這套網路實際上會受到壓制；分析式網路的標籤是跟行動導向式的處理較為強烈相關。

9. 在教練情境更詳細的討論參見 R. E. Boyatzis and A. I. Jack, "The Neuroscience of Coaching," *Consulting Psychology Journal* 70, no. 1 (2018): 11–27.

10. R. Boyatzis, A. McKee, and D. Goleman, "Reawakening Your Passion for Work," *Harvard Business Review*, April 2002, 86–94.

11. 關於近期的神經科學研究和它與教練的相關度，更多的細節參見 Boyatzis and Jack, "The Neuroscience of Coaching."

12. J. E. Zull, *The Art of Changing the Brain: Enriching Teaching by Exploring the Biology of Learning* (Sterling, VA: Stylus,

2002).

13. 對體驗學習理論的好幾千項研究加以審視的是 D. A. Kolb, *Experiential Learning Theory* (Englewood Cliffs, NJ: Prentice Hall, 2015).

14. 對一套網路能夠如何促成倫理式領導感興趣的人，詳細的討論參見 K. Rochford et al., "Neural Roots of Ethical Leadership and the Development of Better Leaders: The Default Mode Network versus the Task Positive Network," *Journal of Business Ethics* 144, no. 4 (2016): 755–770.

15. 這些研究首次發表自 A. I. Jack et al. ("Visioning in the Brain: An fMRI Study of Inspirational Coaching and Mentoring," *Social Neuroscience* 8, no. 4 [2013]: 369–384)；加以審視的是 A. Passarelli (" Vision-Based Coaching: Optimizing Resources for Leader Development," *Frontiers in Psychology* 6 [2015], https://doi.org/10.3389/fpsyg.2015.00412)；另參見 A. Passarelli et al., "Neuroimaging Reveals Link between Vision and Coaching for Intentional Change" (in review)；另呈現於 the Annual Meeting of the Academy of Management, Vancouver, British Columbia, August 8, 2015。

16. C. Camerer and D. Lovallo, "Overconfidence and Excess Entry: An Experimental Approach," *American Economic Review* 89, no. 1 (1999): 306–318.

17. Jack, Dawson, and Norr, "Seeing Human"; Rochford et al., "Neural Roots of Ethical Leadership."

18. S. S. Dickerson and M. E. Kemeny, "Acute Stressors and Cortisol Responses: A Theoretical Integration and Synthesis of Laboratory Research," *Psychological Bulletin* 130, no. 3 (2004): 355–391; B. S. McEwen, "Protective and Damaging Effects of Stress Mediators," *New England Journal of Medicine* 338 (1998): 171–179; R. M. Sapolsky, *Why Zebras Don't Get Ulcers*, 3rd ed. (New York: Harper Collins, 2004); S. C. Segerstom and G. E. Miller, "Psychological Stress and the Human Immune System: A Meta-Analytic Study of 30 Years of Inquiry," *Psychological Bulletin* 130, no. 4 (2004): 601–630; F. G. Asby, A. M. Isen, and A. U. Turken, "A Neuropsychological Theory of Positive Affect and Its Influence on Cognition," *Psychological Review* 106, no. 3 (1999): 529–550.

19. Dickerson and Kemeny, "Acute Stressors and Cortisol Responses"; McEwen, Protective and Damaging Effects of Stress

Mediators"; Sapolsky, *Why Zebras Don't Get Ulcers*; Segerstom and Miller, "Psychological Stress and the Human Immune System"; Asby, Isen, and Turken, "A Neuropsychological Theory of Positive Affect."

20. Baumeister, "The Nature and Structure of the Self"; Baumeister et al., "Bad Is Stronger Than Good."
21. 「切勿過度」常被誤算到阿里斯多德、柏拉圖或蘇格拉底的頭上，其實是出自克里沃陸斯 (Diogenes Laërtius, "Cleobulus," *Lives of the Eminent Philosophers*, vol. 1,trans R. D. Hicks [Cambridge, MA: Loeb Classical Library, 1925], chapter 6.
22. B. L. Fredrickson, "The Role of Positive Emotions in Positive Psychology: The Broaden-and-Build Theory of Positive Emotions," *American Psychologist* 56, no. 3 (2001): 218–226; B. L. Fredrickson, "The Broaden-and-Build Theory of Positive Emotions," *Philosophical Transactions of the Royal Society of London B: Biological Sciences* 359, no. 1449 (2004): 1367–1378; B. L. Fredrickson, "Updated Thinking on Positivity Ratios," *American Psychologist* 68, no. 9 (2013): 814–822.
23. J. M. Gottman et al., *The Mathematics of Marriage: Dynamic Non-Linear Models* (Cambridge, MA: MIT Press, 2002).
24. 在正向情緒吸子對比負向情緒吸子的教練上，對功能性磁振造影的研究加以審視的是 Boyatzis and Jack, "The Neuroscience of Coaching"; and Jack et al., "Visioning in the Brain"; and reviewed in Passarelli, "The NeuroEmotional Basis of Developing Leaders"; Passarelli et al., "Neuroimaging Reveals Link."
25. N. I. Eisenberger and S. W. Cole, "Social Neuroscience and Health: Neurophysiological Mechanisms Linking Social Ties with Physical Health," Nature Neuroscience 15, no. 5 (2012): 669–674; N. I. Eisenberger and M. D. Lieberman, "Why Rejection Hurts: A Common Neural Alarm System for Physical and Social Pain," *Trends in Cognitive Science* 8, no. 7 (2004): 294–300.
26. R. E. Boyatzis, K. Rochford, and S. N. Taylor, "The Role of the Positive Emotional Attractor in Vision and Shared Vision: Toward Effective Leadership, Relationships, and Engagement," *Frontiers in Psychology* 6, article 670 (2015), doi:10.3389/fpsyg.2015.00670; Fredrickson, "The Role of Positive Emotions"; Gottman et al., *The Mathematics of Marriage*.

27. L. Mosteo et al., "Understanding Cognitive-Emotional Processing through a Coaching Process: The Influence of Coaching on Vision, Goal-Directed Energy, and Resilience," *Journal of Applied Behavioral Science* 52, no. 1 (2016): 64–96.
28. 對於評估人在一週當中，花在壓力反應對比復原上的時間量，以及種種活動，博雅齊斯和高曼的私人持續度指數（Personal Sustainability Index)（即將推出）就是在加以評估。要閱讀更多和做評估就在 R. E. Boyatzis et al., "Thrive and Survive: Validation of the Personal Sustainability Index"（審查中）。
29. D. C. McClelland et al., *The Drinking Man: Alcohol and Human Motivation* (New York: Free Press, 1972); R. E. Boyatzis, "Power Motivation Training: A New Treatment Modality," in *Work in Progress on Alcoholism: Annals of the New York Academy of Sciences*, ed. F. Seixas and S. Eggleston (New York: Academy of Sciences, 1976), 273; H. Cutter, R. E. Boyatzis, and D. Clancy, "The Effectiveness of Power Motivation Training for Rehabilitating Alcoholics," *Journal of Studies on Alcohol* 38, no. 1 (1977): 131–141.
30. Personal Sustainability Index; Boyatzis et al., "Thrive and Survive."
31. Boyatzis et al., "Thrive and Survive."

第六章

1. Diana Nyad interview with Sanjay Gupta, *CNN with Anderson Cooper*, September 2, 2013.
2. 參見 R. Boyatzis and A. McKee, *Resonant Leadership: Renewing Yourself and Connecting with Others through Mindfulness, Hope, and Compassion* (Boston: Harvard Business School Press, 2005), chapters 4–5; and also discussed in D. Goleman, R. E. Boyatzis, and A. McKee, *Primal Leadership: Realizing the Power of Emotional Intelligence* (Boston: Harvard Business School Press, 2002).
3. 對於個人願景的討論，參見 R. E. Boyatzis and K. Akrivou, "The Ideal Self as the Driver of Intentional Change," *Journal of Management Development* 25, no. 7 (2006): 624–642; E. T. Higgins, " Self-Discrepancy: A Theory Relating Self and Affect," *Psychological Review* 94, no. 3 (1987): 319–340.

4. L. Carroll, *Alice's Adventures in Wonderland* (New York: Puffin Books, 2015), 80. Originally published in 1865.
5. 參見 A. M. Passarelli, " Vision-Based Coaching: Optimizing Resources for Leader Development," *Frontiers in Psychology* 6, article 412 (2015), doi:10.3389/fpsyg.2015.00412 ‥以及更完整的研究 A. M. Passarelli, "The Heart of Helping: Psychological and Physiological Effects of Contrasting Coaching Interactions" (unpublished doctoral dissertation, Case Western Reserve University, 2014).
6. R. Boyatzis and D. Goleman, *Emotional and Social Competency Inventory* (Boston: The Hay Group, 2007).
7. R. E. Boyatzis and U. Dhar, "The Evolving Ideal Self," unpublished paper, Case Western Reserve University, Cleveland, OH, 2019; and R. Kegan, *The Evolving Self: Problem and Process in Human Development* (Cambridge, MA: Harvard University Press, 1982).
8. R. E. Boyatzis and D. A. Kolb, "Performance, Learning, and Development as Modes of Growth and Adaptation throughout Our Lives and Careers," in *Career Frontiers: New Conceptions of Working Lives*, ed. M. Peiperl et al. (London: Oxford University Press, 1999), 76–98.
9. 高成就需求為動機之一是定義在 D. C. McClelland, *Human Motivation* (Glenview, IL: Scott Foresman and Co., 1985).
10. J. F. Brett and D. Vandewalle, "Goal Orientation and Goal Content as Predictors of Performance in a Training Program," *Journal of Applied Psychology* 84, no. 6 (1999): 863–887; D. A. Kolb and R. E. Boyatzis, " Goal-Setting and Self-Directed Behavior Change," *Human Relations* 23, no. 5 (1970): 439–457; E. A. Locke and G. P. Latham, *A Theory of Goal Setting and Task Performance* (Englewood Cliffs, NJ: Prentice-Hall, 1990); D. Vandewalle et al., "The Influence of Goal Orientation and Self-Regulation Tactics on Sales Performance: A Longitudinal Field Test," *Journal of Applied Psychology* 84, no. 2 (1999): 249–259.
11. G. H. Seijts et al., "Goal Setting and Goal Orientation: An Integration of Two Different Yet Related Literatures," *Academy of Management Journal* 47, no. 2 (2004): 227–239; R. E. Boyatzis and A. Howard, "When Goal Setting Helps and Hinders Sustained, Desired Change," in *Goal Setting and Goal Management in Coaching and Mentoring*, ed. S.

David, D. Clutterbuck, and D. Megginson (New York: Routledge, 2013), 211–228.

12. W. W. Seeley et al., "Dissociable Intrinsic Connectivity Networks for Salience Processing and Executive Control," *Journal of Neuroscience* 27 (2007): 2349–2356; D. Ming et al., "Examining Brain Structures Associated with the Motive to Achieve Success and the Motive to Avoid Failure: A Voxel-Based Morphometry Study," *Social Neuroscience* 11, no. 1 (2007): 38–48。較近期的研究顯示，內部的目標導引想法，一如自傳和甚至是願景與目的發展，會啟動同理式網路的各部分。參見 A. Elton and W. Gao, " Task-Positive Functional Connectivity of the Default Mode Network Transcends Task Domain," Journal of Cognitive Neuroscience 27, no. 12 (2015): 2369–2381.

13. E. T. Higgins, " Self-Discrepancy: A Theory Relating Self and Affect," *Psychological Review* 94, no. 3 (1987): 319–340; J. Brockner and E. T. Higgins, "Regulatory Focus Theory: Implications for the Study of Emotions at Work," *Annual Review of Psychology* 86, no. 1 (2001): 35–66.

14. A. Passarelli et al., "Neuroimaging Reveals Link between Vision and Coaching for Intentional Change" (in review) (also presented at the Academy of Management, Philadelphia, August 14, 2014); A. Howard, "Coaching to Vision versus Coaching to Improvement Needs: A Preliminary Investigation on the Differential Impacts of Fostering Positive and Negative Emotion during Real Time Executive Coaching Sessions," *Frontiers in Psychology* 6, article 455 (2015), doi:10.3389/fpsyg.2015.00455; Passarelli, " Vision-Based Coaching"; R. E. Boyatzis, and A. Jack, "The Neuroscience of Coaching," *Consulting Psychology Journal* 70, no. 1 (2018): 11–27; A. Passarelli et al., "Seeing the Big Picture: fMRI Reveals Neural Overlap between Coaching and Visual Attention" (in review); A. Jack et al., "Visioning in the Brain: An fMRI Study of Inspirational Coaching and Mentoring," *Social Neuroscience* 8, no. 4 (2013): 369–384.

15. 書中在前面所提到的研究為：Jack et al., "Visioning in the Brain"; Passarelli et al., "Neuroimaging Reveals Link."

16. Boyatzis and Akrivou, "The Ideal Self."

17. 對希望最全盤的研究參見 C. R. Snyder et al., "Development and Validation of the State Hope Model," *Journal of Personality and Social Psychology* 70 (1996): 321–335.

18. K. Buse and D. Bilimoria, "Personal Vision: Enhancing Work Engagement and the Retention of Women in the

Engineering Profession," *Frontiers in Psychology* 5, article 1400 (2014). doi.org/10.3389/fpsyg.2014.01400.

第七章

1. 在組織與凱斯西儲大學共同完成下，尚恩・哈尼根是領導發展學程的參與者，並收到了他在情緒和社會智力職能上的三百六十度回饋。這樣的回饋形式又稱為多方評量的回饋，通常是運用在領導發展和教練觸動上。它會邀請與個人互動的評量者回答調查問題，並針對與此人的經驗提供逐字的評語。評量者或許會包括主管、直屬部屬、同儕、客戶和顧客。

2. J. Dutton and E. Heaphy, "The Power of High-Quality Connections," in *Positive Organizational Scholarship: Foundations of a New Discipline*, ed. K. S. Cameron, J. E. Dutton, and R. E. Quinn (San Francisco: Berrett-Koehler, 2003), 263–278; J. P. Stephens, E. Heaphy, and J. Dutton, " High-Quality Connections," in *The Oxford Handbook of Positive Organizational Scholarship*, ed. K. Cameron and G. Spreitzer (New York: Oxford University Press, 2011), 385–399.
3. Dutton and Heaphy, "The Power of High-Quality Connections."
4. J. P. Stephens et al., "Relationship Quality and Virtuousness: Emotional Carrying Capacity as a Source of Individual and Team Resilience," *Journal of Applied Behavioral Science* 49, no. 1 (2013): 13–41.
5. W. Murphy and K. Kram, *Strategic Relationships at Work* (New York: McGraw-Hill, 2014).
6. R. Boyatzis, "Intentional Change Theory from a Complexity Perspective," *Journal of Management Development* 25, no. 7 (2006): 607–623.
7. 參見 R. E. Boyatzis, "Measuring the Impact of Quality of Relationships through the Positive Emotional Attractor," in *Toward a Positive Psychology of Relationships: New Directions in Theory and Research*, ed. M. Warren and S. Donaldson (Santa Barbara, CA: Praeger Publishers, 2018), 193–209; E. Hatfield, J. T. Cacioppo, and R. L. Rapson, *Emotional Contagion: Studies in Emotion and Social Interaction* (New York: Cambridge University Press, 1993); J. K. Hazy and R. E. Boyatzis, "Emotional Contagion and Proto-organizing in Human Dynamics," *Frontiers in Psychology* 6, article 806 (June 12, 2015), http://dx.doi.org/10.3389/fpsyg.2015.00806; R. E. Boyatzis, K. Rochford, and S. N. Taylor, "The Role of the

Positive Emotional Attractor as Vision and Shared Vision: Toward Effective Leadership, Relationships and Engagement," *Frontiers in Psychology* 6, article 670 (May 21, 2015), http://dx.doi.org/10.3389/fpsyg.2015.00670; H. A. Elfenbein, "The Many Faces of Emotional Contagion: An Affective Process Theory of Affective Linkage," *Organizational Psychology Review* 4, no. 4 (August 8, 2014): 336–392; N. A. Christakis and J. H. Fowler, *Connected: The Surprising Power of Our Social Networks and How They Shape Our Lives—How Your Friends' Friends' Friends Affect Everything You Feel, Think, and Do* (Boston: Little, Brown and Spark, 2011).

8. Boyatzis, "Measuring the Impact of Quality of Relationships," ed. M. Warren and S. Donaldson.
9. R. E. Boyatzis and K. Rochford, *Relational Climate Survey* (2015); available from the authors at Case Western Reserve University.
10. M. Khawaja, "The Mediating Role of Positive and Negative Emotional Attractors between Psychosocial Correlates of Doctor-Patient Relationship and Treatment of Type II Diabetes" (doctoral dissertation, Case Western Reserve University, 2011).
11. E. Van Oosten, M. McBride-Walker, and S. Taylor, "Investing in What Matters: The Impact of Emotional and Social Competency Development and Executive Coaching on Leader Outcomes," *Consulting Psychology Journal* (in press); E. Van Oosten, "The Impact of Emotional Intelligence and Executive Coaching on Leader Effectiveness" (unpublished doctoral dissertation, Case Western Reserve University, 2013).
12. L. M. Pittenger, "Emotional and Social Competencies and Perceptions of the Interpersonal Environment of an Organization as Related to the Engagement of IT Professionals," *Frontiers in Psychology* 6, article 623 (2015), https://doi.org/10.3389/fpsyg.2015.00623.
13. M. Babu, "Characteristics of Effectiveness Leadership among Community College Presidents" (unpublished doctoral dissertation, Case Western Reserve University, 2016).
14. J. F. Quinn, "The Effect of Vision and Compassion upon Role Factors in Physician Leadership," *Frontiers in Psychology* 6, article 442 (2015), https://doi.org/10.3389/fpsyg.2015.00442.

15. L. Kendall, "A Theory of Micro-Level Dynamic Capabilities: How Technology Leaders Innovate with Human Connection" (unpublished doctoral dissertation, Case Western Reserve University, 2016).
16. J. E. Neff, "Shared Vision and Family Firm Performance," *Frontiers in Psychology* 6, article 646 (2015), https://doi.org/10.3389/fpsyg.2015.00646; S. P. Miller, " Next-Generation Leadership Development in Family Businesses: The Critical Roles of Shared Vision and Family Climate," *Frontiers in Psychology* 6, article 1335 (2015), doi:10.3389/fpsyg.2014.01335; S. P. Miller, "Developing Next Generation Leadership Talent in Family Businesses: The Family Effect" (unpublished doctoral dissertation, Case Western Reserve University, 2014).
17. K. Overbeke, D. Bilimoria, and T. Somers, "Shared Vision between Fathers and Daughters in Family Businesses: The Determining Factor That Transforms Daughters into Successors," *Frontiers in Psychology* 6, article 625 (2015), https://doi.org/10.3389/fpsyg.2015.00625
18. E. G. Mahon, S. N. Taylor, and R. E. Boyatzis, "Antecedents of Organizational Engagement: Exploring Vision, Mood, and Perceived Organizational Support with Emotional Intelligence as a Moderator," *Frontiers in Psychology* 6, article 1322 (2015), doi:10.3389/fpsyg.2014.01322.
19. R. E. Boyatzis, K. Rochford, and K. Cavanagh, "The Role of Emotional and Social Intelligence Competencies in Engineer's Effectiveness and Engagement," *Career Development International* 22, no. 1 (2017): 70–86.
20. J. Gregory and P. Levy, "It's Not Me, It's You: A Multilevel Examination of Variables That Impact Employee Coaching Relationships," *Consulting Psychology Journal: Practice and Research* 63, no. 2 (2011): 67–88.
21. J. Boyce, J. Jackson, and L. Neal, "Building Successful Leadership Coaching Relationships: Examining Impact of Matching Criteria in Leadership Coaching Program," *Journal of Management Development* 29, no. 10 (2010): 914–931.
22. 安德魯・卡內基的故事：L. M. Colan, "Coaching: Get It Right the First Time and Avoid Repetition," *Houston Business Journal*, October 12, 2007.
23. 定義出自 *Merriam-Webster's Collegiate Dictionary*, 11th ed. (Springfield, MA: Merriam-Webster, Inc., 2009).
24. C. Rogers and F. J. Roethlisberger, "Barriers and Gateways to Communication," *Harvard Business Review*, November–

December 1991.

25. R. Lee, *The Values of Connection: A Relational Approach to Ethics* (Santa Cruz, CA: Gestalt Press, 2004).
26. H. Reiss, *The Empathy Effect: Seven Neuroscience-Based Keys for Transforming the Way We Live, Love, Work, and Connect across Differences* (Boulder, CO: Sounds True, 2018).
27. 同上。
28. 改寫自 H. Kimsey-House et al., *Co-active Coaching: Changing Business, Transforming Lives* (Boston: Nicholas Brealey Publishing, 2011).

第八章

1. 在教練研究實驗室的會議中與傑夫・達爾納的談話，二〇一七年十一月二至三日。
2. 所引陳述出自 “Coaching in Organizations: Today’s Reality and Future Directions,” panel discussion at the Thirteenth Annual Leading Edge Consortium conference on coaching, Minneapolis, October 20–21, 2017.
3. 評語出自 “Coaching in Organizations.”
4. 引述自聚焦於一對一的同儕教練經典，P. Parker et al., *Peer Coaching at Work: Principles and Practices* (Stanford, CA: Stanford Business Books, 2018), 2. 我們也推薦作者較早期的一些文章：P. Parker et al., “A Relational Communication Approach to Peer Coaching,” *Journal of Applied Behavioral Science* 51, no. 2 (2015): 231–252; P. Parker, K. E. Kram, and D. T. Hall, “Peer Coaching: An Untapped Resource for Development,” *Organizational Dynamics* 43, no. 2 (2014): 122–129; P. Parker, D. T. Hall, and K. E. Kram, “Peer Coaching: A Relational Process for Accelerating Career Learning,” *Academy of Management Learning and Education* 7, no. 4 (2008): 487–503; P. Parker, K. E. Kram, and D. T. Hall, “Exploring Risk Factors in Peer Coaching: A Multilevel Approach,” *Journal of Applied Behavioral Science* 49, no. 3 (2012): 361–387.
5. Bill W. *My First 40 Years: An Autobiography by the Cofounder of Alcoholics Anonymous* (Center City, MN: Hazelden, 2000).

6. M. F. R. Kets de Vries, "Leadership Group Coaching in Action: The Zen of Creating High Performance Teams," *Academy of Management Executive* 19, no. 1 (2005): 61–76.
7. 參見 M. Higgins and K. E. Kram, "Reconceptualizing Mentoring at Work: A Developmental Network Pers-pective," *Academy of Management Review* 26, no. 2 (2001): 264–288.
8. V. U. Druskat and D. C. Kayes, "Learning versus Performance in Short-Term Project Teams," *Small Group Research* 31, no. 3 (2000): 328–353.
9. F. Barrett, *Yes to the Mess: Surprising Leadership Lessons from Jazz* (Boston: Harvard Business Review Press, 2012).
10. 參考自巴瑞特，*Yes to the Mess.*
11. R. Ballou et al., "Fellowship in Lifelong Learning: An Executive Development Program for Advanced Professionals," *Journal of Management Education* 23, no. 4 (1999): 338–354; and H. Tajfel, "Social Identity and Intergroup Behavior," *Trends and Developments: Social Science Informs* 13, no. 2 (1974): 65–93.
12. Ballou et al., "Fellowship in Lifelong Learning."
13. P. Parker et al., *Peer Coaching: Principles and Practice* (Stanford, CA: Stanford University Press, 2017); 參見 also Parker, Kram, and Hall, "Exploring Risk Factors in Peer Coaching"; Parker, Hall, and Kram, "Peer Coaching: A Relational Process."
14. L. Himelstein and S. Anderson Forest, "Breaking Through," *BusinessWeek*, February 17, 1997, pp. 64–70.
15. 一則後設分析說明了，在教練對渴望結局的衝擊上，內部教練顯著比外部教練要有幫助：參見 R. Jones, S. Woods, and Y. Guillaume, "The Effectiveness of Workplace Coaching: A Meta-Analysis of Learning and Performance Outcomes from Coaching,*Journal of Occupational and Organizational Psychology* 89 (2015): 249 –277.
16. 關於教練認證的職能模型，參見國際教練聯盟 https://coachfederation.org/core-competencies ；關於認證暨教育中心，參見 https://careerdevelopmentmusings.wordpress.com/2016/09/06/board-certified-coachcompetencies-and-ceuonestop-com-courses-and-webinars-a-crosswalk/ ；關於世界企業教練協會，參見 http://www.wabccoaches.com/includes/popups/competencies.html。關於經過確認的職能模型該以什麼研判的進一步討論，參見 R. Boyatzis,

The Competent Manager: A Model for Effective Performance (New York: John Wiley & Sons, 1982)；關於認證後果的周延討論，參見 J. Fallows, "The Case against Credentialism," *The Atlantic Monthly*, December 1985, 49–67。

17. 與克里斯・貝爾的私人對話，二〇一七年。
18. W. Mahler, "Although Good Coaching Is Basic to Managerial Productivity, Most Organizations Have Difficulty Getting Their Managers to Be Effective Coaches," *Personnel Administration* 27, no. 1 (1964): 28–33.
19. T. E. Maltbia, " High-Impact Performance Coaching: Applying the Four C's Framework to Define, Monitor and Generate Results," *Choice Magazine* 11, no. 1 (2013): 27–32. 文章的這個段落引用 Mager 和 Pipe 的經典作品 (R. F. Mager and P. Pipe, *Analyzing Performance Problems*, 2nd ed. (Belmont, CA: David S. Lake Publishers, 1984).
20. J. J. Dhaling et al. "Does Coaching Matter? A Multilevel Model Linking Managerial Coaching Skill and Frequency to Sales Goal Attainment," *Personnel Psychology* 69, no. 4 (2016): 863–894.
21. P. A. Heslin, D. Vandewalle, and G. P. Latham, "Keen to Help? Managers' Implicit Person Theories and Their Subsequent Employee Coaching," *Personnel Psychology* 59, no. 4 (2006): 871–902.
22. 這些評語是來自二則對千禧世代的初級資料調查：Manpower's 2016 *Millennial Careers: 2020 Vision* 調查了二十五個國家一萬九千位的千禧世代；American Express/Kantar Futures, *Redefining the C-Suite: Business the Millennial Way*, 2017 則調查了美國、英國、法國和德國的一千三百六十三位千禧世代。

第九章

1. 佛南迪茲－亞勞茲寫過將人才最大化，以及為職位找到最優秀人才的過程。參見他在 *Harvard Business Review* 的文章 (C. Fernández-Aráoz, "21 st-Century Talent Spotting," June 2014; C. Fernández-Aráoz, B. Groysberg, and N. Nohria "The Definitive Guide to Recruiting in Good Times and Bad,"May 2009; C. Fernández-Aráoz, "Hiring without Firing," July– August 1999)；以及著作 (C. Fernández-Aráoz, *It's Not the How or the What but the Who: Succeed by Surrounding Yourself with the Best* [Boston: Harvard Business Review Press, 2014]; C. Fernández-Aráoz, *Great People Decisions: Why They Matter So Much, Why They Are So Hard, and How You Can Master Them* [Hoboken, NJ: Wiley,

2007]) 。

2. B. J. Avolio and S. T. Hannah, "Developmental Readiness: Accelerating Leader Development," *Consulting Psychology Journal: Practice and Research* 60 (2008). 331–347.
3. D. MacKie, "The Effects of Coachee Readiness and Core SelfEvaluations on Leadership Coaching Outcomes: A Controlled Trial," *Coaching: An International Journal of Theory, Research and Practice* 25, no. 2 [2015]): 120–136; and J. Franklin, "Change Readiness in Coaching: Potentiating Client Change," in *Evidence-Based Coaching*, ed. M. J. Cavanagh, A. Grant, and T. Kemp (Queensland: Australian Academic Press, 2005), 193–200.
4. J. O. Prochaska and C. C. DiClemente, "Stages and Processes of Self-Change of Smoking: Toward an Integrative Model of Change," *Journal of Consulting and Clinical Psychology* 51 (1983): 390–395; J. O. Prochaska, C. C. DiClemente, and J. C. Norcross, "In Search of How People Change: Applications to the Addictive Behaviors," *American Psychologist* 47 (1992): 1102–1114.
5. Viktor Frankl, *Man's Search for Meaning: An Introduction to Logotherapy* (1946; rept. Boston: Beacon Press, 2006).

圖表索引

國家圖書館出版品預行編目 (CIP) 資料

助人改變：持續成長、築夢踏實的同理心教練法 / 理查 . 博雅吉斯 (Richard E. Boyatzis), 梅爾文 . 史密斯 (Melvin L. Smith), 艾倫 . 凡伍思坦 (Ellen Van Oosten) 著 ; 戴至中 , 王敏雯譯 .
-- 初版 . -- 臺北市 : 經濟新潮社出版 : 家庭傳媒城邦分公司發行 , 2020.12
面 ;　公分 . -- (經營管理 ; 167)
譯自 : Helping people change : coaching with compassion for lifelong learning and growth
ISBN 978-986-99162-5-7(平裝)

1. 輔導 2. 自我實現 3. 行為改變術

178.3　　109015196